AF423817

EL SILENCIO DE DIOS NO ES AUSENCIA

JUAN ABAD

EL SILENCIO DE DIOS NO ES AUSENCIA

Editor : **Diez Veces Mas Group**
diezvecesmas@gmail.com

Diseño de Portadas y Diagramación: **Anamaria Torelli**
Corrección de Estilo: Diez Veces Mas Group

Segunda Edición
Junio 2017, Juan Abad

No se permite la reprodución total de este libro (con excepción de citas breves) de ninguna manera ni por ningun medio sin la autorización escrita del autor.

Todas las porciones de las escrituras corresponden a la traducción Reina Valera 1960, al menos que se indique lo contrario.

ISBN 978-9945-08-638-6

AGRADECIMIENTOS

Quiero expresar mi gratitud a mi Señor y Salvador Jesucristo, quien con su sacrificio manifestó su gran amor por mí. Mi vida sin Él no tiene significado alguno.

Doy gracias de lo más profundo de mi ser a una ilustre mujer que siempre creyó en mí, nunca estuvo ocupada para quien escribe. Sin muchos recursos me dio lo mejor, sin ir a una universidad fue mi mejor maestra; mi madre Juana Linares. Mom, te extraño a cada segundo, no existe un día que en ti no piense. Gracias le doy a Dios por darme el privilegio de ser llamado tu hijo.

Agradezco a mi amada esposa, a quien amo profundamente. Gracias por tu paciencia y por apostarlo todo a mí. Gracias por darme dos hijos maravillosos; Jeremy y Gabriel Abad. I love you.

Agradezco a la iglesia que pastoreo por su inmenso aporte al ministerio y mi familia. Gracias por creer en mi llamado.

Agradezco a mi hermano y amigo Dhelvin Carmona, quien cree en este servidor con palabras y hechos. Pastor de Casa De Fe en Atlanta.

Emely Carmona, gracias por toda tu ayuda y profesionalismo, como educadora le diste forma a este proyecto. ¡Pa' lante!

Agradezco al Pastor Garabito. Ministro gracias mil por su aporte e informaciones dadas.

Agradezco a Enrique Trinidad, Melvin Trinidad, Henry Trinidad. Estos muchachos son impresionantes, dispuestos a ir conmigo donde sea necesario. David tuvo trescientos valientes, yo tengo tres que equivalen a trecientos.

Quiero agradecerte a ti que tienes este libro en tus manos. Gracias por tomar de tu tiempo y dinero, para adquirirlo. Estoy seguro que Dios hablará a tu vida.

PRÓLOGO

Un axioma de la comunicación que sostiene que no es posible no comunicarse, de manera que lo primero que debemos saber es que cuando Dios calla, es también una forma de hablarnos.

La oscuridad está definida como ausencia de luz, el silencio es considerado ausencia de sonido. Pero lo que definimos como silencio no es necesariamente silencio, sino ultrasonidos e infrasonidos que el oído natural no ha logrado descifrar. De manera, que el silencio no existe, lo que existe es de por sí, un oído limitado a escuchar sólo un rango de las ondas sonoras. Durante años se sostuvo que el espacio exterior era un gran vacío universal, concepto que hace cerca de un siglo, ha sido cambiado de llamarle «Vacío a éter», la misma raíz de la palabra «Eternidad». Demostrándose así que el vacío no existe, simplemente está ocupado por algo que no hemos podido percibir.

«El silencio de Dios no es ausencia». Aun cuando no lo percibimos, cuando sentimos que ha ocultado de nosotros su rostro, esta es la manera de Dios alejarnos de las estridencias. La forma de Dios limpiar «nuestros ojos con colirios» y «nuestros oídos con hisopos» es poniendo en blanco y negro nuestro panorama, lejos del ruido visual y el bullicio; de lo que llamamos realidad.

Antes de leer este valioso material, tuve la oportunidad de sentarme a tomar un café con el escritor del mismo. Previo ha tomar estas páginas en mis manos, pude escuchar a Juan Miguel Abad exponer públicamente sobre el ruido de la vida y nuestra necesidad de un espacio. Como amante de la música, lo cual clásicamente tiene como concepto del buen combinar los sonidos con el tiempo, he aprendido que una melodía, sin pausas, que un pentagrama sin silencios, no es música. Antes pensaba que el silencio significaba soledad, caos y desamparos. Hasta el día que escuché como este hombre nos sacaba del *downtown* de lo cotidiano hasta el campamento del reposo de Dios.

Leer esta joya definitivamente hará que te subas en el tren de la esperanza, para ver esa luz al final del túnel. Te hará sentir el abrazo de la eternidad de Dios en medio de la angustia. Es desesperante no escuchar a Dios, es desesperante sentirnos abandonados. El mismo Cristo exclamó: «Padre; ¿por qué me has desamparado?», Pablo y Elías desearon morirse. Yo he sentido que en algún momento «Dios se ha olvidado de mí». En momentos como esos, es bueno tener un amigo como Abad que sople esperanzas en medio del silencio. Este libro es sin dudas, la voz del Señor que romperá el ruido de las dudas y abrirá un espacio al susurro de Dios. Es tu manera de sentarte a tomar un café con el escritor, quien no es un teórico de la esperanza, sino alguien que lleva en su cuerpo las marcas del silencio, alguien que tiene tatuadas las evidencias de la presencia de Dios ante la ausencia de un sonido.

Juan Miguel Abad, nos habla con el poder de la experiencia. Estoy convencido que cuando te sientes a deshojar este tesoro literario, amarás el silencio, buscarás un lugar apartado y dejarás viajar tu alma hasta esos eventos del ayer, que como cuentas no saldadas, permanecen en el cuarto oscuro donde almacenamos los recuerdos no deseados. Al terminar este *spa* del espíritu, entrarás a ese lugar y dejarás cautivo todos pensamientos del ayer, no porque olvidaste los ocurridos, sino porque hoy puedes recordarlos sin dolor, puedes disfrutar el silencio de Dios, puedes andar por valles de sombras y no temer males algunos.

Al leer a este grandes ligas de Dios, podrás ver al pasado con agradecimientos y dignidad, sabiendo que para los que aman a Dios, ¡todo obra para bien!

Lenny Salcedo
Pastor y Salmista

Recuerdo cuando conocí al pastor Abad, una noche en su servicio el Señor habló a mi espíritu y me dijo: «Vas a entrar al silencio de Dios». Que maravillosa sorpresa es poder encontrarme con el resultado de lo que acontece cuando una persona entra allí. En un tiempo donde hay tantos ruidos, donde la algarabía es mucha, donde se dificulta poder escuchar. Encontrarte con la verdad que hay detrás de este libro es impresionante.

Muchas personas han sido probadas por Dios, zarandeadas y llevadas a ese lugar, donde el silencio pareciera que tiene la capacidad de volver loco a cualquiera, sin embargo, cuando conoces el carácter de Dios y entiendes que Él no te llevará a un laberinto espiritual, sino que tiene un camino y senda segura para ti, entiendes que el silencio no es más que ese tiempo que Dios determina para trabajar áreas en tu vida. Esto te ayuda a desarrollar en tu propia vida la fe, la esperanza y el amor. Cada obra de Dios viene a perfeccionar la obra de amor, viene a sacar una mayor medida de fe.

El silencio de Dios es un libro simple, profundo y a la vez sencillo para poder comprender que el silencio no es ausencia de sonido, es el idioma que Dios utiliza donde sus hijos aprenden a escucharle de manera práctica y real.

Recomiendo que puedas apreciar lo que Dios va sacar de ti en ese proceso, porque el trabajo de Dios en nuestra vida es la obra de transformación y eso toma tiempo. Adquirir este libro te va a permitir tener la perspectiva correcta cuando sientas que, por más que oras, tu oración no pasa del techo y que Dios se olvidó de ti. Este libro te podrá ayudar, a través de la biblia a entender que lo que estás viendo o dejando de escuchar no es más que la obra silente de Dios que la eternidad ha escuchado a gritos.

Pastora Kenia de Mir
San Pedro, República Dominicana

CONTENIDO

INTRODUCCIÓN

Hablar del silencio en este tiempo es un gran desafío, ya que vivimos en una sociedad de mucho ruido. Este se apodera de nuestra mente, hogares, entorno y corazones. La vida del ser humano está llena de sucesos repentinos, paradojas, alegrías, tristezas, éxitos y fracasos. En el inmenso terreno de nuestra existencia no podemos escapar de ninguna de estas experiencias. El ruido nos ha robado las palabras del silencio. Esto disminuye la atención a lo interno y externo. Nos hemos acostumbrado tanto al ruido, que interpretamos el silencio como soledad. Hay que ser muy simples para no saber que el sonido afecta nuestras emociones, que los ruidos nos alteran y las hondas armónicas y suaves nos relajan. Es tanto así que los hospitales tienden a colocar retratos y letreros donde se indica que es obligatorio guardar silencio.

El sonido y las voces producen sensaciones que impiden que saquemos desde adentro una verdadera adoración. Es como el misterio de una abertura, que no puede recibir y a la vez dar. Estamos tan acostumbrados al ruido y a los sonidos, que el silencio nos aburre, nos preocupa y hasta nos deprime. Tal fue el caso de Elías; huye a una cueva, se esconde y se siente morir. Luego de la algarabía que produjo aquel evento, cuando el profeta oró para que Dios hiciera llover fuego del cielo, ahora en una cueva, espera la misma manifestación una vez más.

EL SILENCIO DE DIOS NO ES AUSENCIA

Dios decidió mostrarse en lo apacible de una suave brisa. Hay mañanas en las que en lugar de un café, necesitamos apagar la alarma y volver a dormir. Si, dormir. ¡Descansar!

La biblia nos habla de la importancia de escuchar, pero para escuchar hay que guardar silencio, cosa que pocos practicamos. Es por esta razón que me vi comprometido a escribir este libro. Dios nos invita a entrar en la dimensión privada del altar. Es allí donde muere nuestra humanidad, el afán, egoísmo, avaricia y orgullo.

El silencio de Dios es perfecto para crecer, nos invita a entrar en contacto con nuestro interior. Siempre que Dios quería tratar con un hombre en la antigüedad, lo llevaba al desierto. Un lugar sin ruido, aislado y perfecto para oír la voz de Dios. Muchos lo han descrito como el peor lugar para un creyente. El desierto no es un lugar donde los creyentes mueren, es donde cobran vida. Es el lugar de mayor manifestación de Dios. Muchos temen pasar por el proceso de tal aflicción, pero ese terreno no es soledad, no es carencia, tampoco es olvido. Es donde lo hombres comunes son entrenados para hacer cosas extraordinaria. Es Dios quien te lleva a ese lugar. Entonces, ¿por qué quieres salir? Los desiertos no forman el carácter, lo revelan. Es allí donde verás una roca brotar agua, provisión divina, también te darás cuenta de lo que hay en tu corazón. En lo personal, pienso que en lugar de decirle al pueblo: «Hoy Dios te saca de tu desierto», deberíamos decirle: «Hoy Dios te lleva al desierto».

En medio de una sociedad de tanto ruido, Dios te hace una invitación a la calma. Del otoño aprendí que aunque las hojas caigan, el árbol sigue vivo. La inactividad externa no significa que no exista vitalidad interna. Aun si no sientas o veas nada, el mundo espiritual está activo.

¿Por qué se cubre con un telón el escenario de los teatros?

El telón separa la sala y los espectadores, señala el fin de un acto y el inicio de un intervalo. Antes de que existiera el telón en los teatros, cuando las escenas y las obras terminaban, el público podía contemplar el escenario vacío y mirar cuando los tramoyistas cambiaban la decoración.

Dios con su silencio pone un telón entre nosotros y los espectadores. El telón no es símbolo de inactividad, es la etapa donde el maestro trabaja en nuestras vidas. Es donde nos corrige en secreto, nos reparas y nos prepara para nuestra nueva escena.

«Dios me dijo: Jeremías, ve al taller del alfarero. Allí voy a darte un mensaje. Yo fui y me encontré al alfarero haciendo en el torno vasijas de barros. Cada vez que una vasija se le dañaba, volvía a hacer otra, hasta que la nueva vasija quedaba como él quería. Allí Dios me dio este mensaje para los israelitas: Ustedes están en mis manos. Yo puedo hacer con ustedes lo mismo que este alfarero hace con el barro. En el momento que yo quiera, puedo amenazar a una nación o a un reino, y anunciarle

su completa destrucción. Pero si esa nación deja de hacer lo malo, entonces yo decidiré no castigarlos.
Como pensaba hacerlo. En algún otro momento, puedo decidir que alguna nación o reino prospere y llegue a tener mucho poder. Pero si esa nación hace lo malo y no me obedece, entonces decidiré no darle todo lo bueno que había pensado darle». Jeremías 18:1-10 TLA

El alfarero a la hora de trabajar una vasija, la lleva a su taller. Las vitrinas solo exhiben el trabajo ya terminado. Los telones solo se abren cuando la obra está lista para ser presentada.

Unos de los peligros a los que se enfrenta esta generación es el hambre de éxito: anhelan ser conocidos y reconocidos, y es allí donde está la amenaza. Todos quieren subir a la cima, pero pocos están dispuestos a que Dios les cierre el telón. Las redes sociales nos han enseñado un mal concepto de éxito, que tener muchos seguidores y *like*, es señal de fama. Como consejero he tenido casos de adolescentes que se deprimen, por no tener muchos seguidores, porque nadie les dio *like* a sus fotos. Es cierto que en un elevador subimos más rápido, pero no desarrollamos músculos. La aparente ausencia de Dios, nos da la oportunidad de desarrollar nuestro carácter. Nos permite ubicar nuestro corazón. Dios sabe dónde está tu corazón, pero quiere que tú lo sepas.

Moisés, el gran líder del pueblo de Israel creció en un palacio pero su carácter fue formado en el desierto. Quienes carecen de una correcta formación, son aquellos que evaden la rueda del alfarero. No es la crisis, ni es el diablo quienes impiden tu crecimiento, tampoco son las personas, de hecho es una actitud propia. Es el miedo a arriesgarse y perderlo todo. Es el no crecer en la intimidad y no saber esperar. Es el ego de buscar más de lo externo, es la falta de conocimientos, el caminar por vista. Es la carencia de una adoración continua, no saber quebrantar el alma. Es la postergación de la oración, las escrituras, rendirse a sus pies. Independizarnos de Dios es la peor decisión, pues mata todo lo puro, esconde nuestra fe, simula una vida y morimos por dentro.

——————— 1 ———————

EL SILENCIO DE DIOS

¡Ah, si supiera yo donde encontrar a Dios! ¡Si pudiera
llegar adonde El habita! Ante Él expondría mi caso;
llenaría mi boca de argumentos. Podría conocer su
repuesta, y trataría de entenderla.
JOB 23:3-5

«Dios es el gran silencio del infinito, el mundo entero
habla de Él y para Él. Nada de lo que se diga lo
representa tan bien como su silencio y su calma eterna»
Eliphas Levi

Alguien preguntó: ¿por qué sufre el justo? Para muchos
parece ser una incógnita sin respuesta, esta es la pregunta
que todos nos hacemos ¿por qué sufre el justo? Que el
pecador sufra no es difícil de entender, ya que *«la paga
del pecado es muerte»*, pero que alguien que se entrega
al servicio de la obra del Señor y se esfuerza por hacer
su voluntad, pase por tragedias, calamidades y pérdidas
irreparables, no es fácil de asimilar.

Floyd McClung lo describe de la siguiente forma:
«Te despierta una mañana y todos tus sentimientos
espirituales desaparecen. Oras, pero pasa nada.

Reprendes al diablo, y no hay ningún cambio. Pides en la iglesia que oren por ti. Confiesas tus pecados y les pides perdón a todos tus conocidos. Ayunas, pero no pasa nada. Comienzas a preguntarte cuánto tiempo durará esta penumbra espiritual. ¿Días?, ¿semanas?, ¿meses? ¿Terminará algún día? Sientes que tus oraciones no pasan del techo al borde de la desesperación, gritas: ¿qué pasa?, ¿hasta cuándo?».

La realidad es que en muchas ocasiones lo que nos tortura no es la prueba, es el silencio de Dios mientras pasamos por ella. ¿Por qué Dios guarda silencio? El silencio de Dios es excelente, nos ayuda a refinar nuestro carácter y entender su voluntad, plan y propósito para nuestras vidas. Su distancia aparente se convertirá en nuestra oportunidad para buscarlo con más intensidad. Si logramos relación cercana con Dios, llegaremos a tener la mente de Cristo, su amor y su voluntad para nuestra vida. En este punto del camino, habremos aprendidos a entender que su silencio tiene un propósito para con nosotros.

Alguien me dijo en una ocasión: *«debes buscar a Dios en todo lo que te acontece, para que no lo pierdas de vista».* Para muchos es difícil aceptar la idea de porque Dios guarda silencio cuando ellos están atravesando una desgracia. Es en los momentos difíciles cuando nos acercamos a Dios, es cuando anhelamos escuchar de Él una respuesta a lo que nos está pasando.

El silencio de Dios no es vacío, ni es ausencia, ni olvido. En el silencio nacen, crecen y mueren muchas cosas que no nos permiten escuchar a Dios. La abeja zumba ruidosamente alrededor de la flor en busca de la miel y cuando ha encontrado dentro de la flor, bebe silenciosamente. En tanto, los seres humanos discutimos y argumentamos. Es que no hemos alcanzado el conocimiento divino, en cuanto gustan sus dulzuras, se calla, igual que la abeja.

El silencio nos conduce a un verdadero encuentro con Dios y con nosotros mismos. Es en el silencio que nos damos cuenta de nuestra naturaleza herida y nuestros distanciamientos con Dios. El silencio es una de las condiciones para que resuene la voz Dios.

Estamos tan acostumbrados al ruido que hemos olvidado que se dice más cuando se guarda silencio. Job dijo lo siguiente: *«¿Por qué te quejas de que Dios no te responde? Estás muy equivocado; Dios es más grande que nosotros. Tal vez no nos damos cuenta, pero Dios no ha dejado de hablarnos; es el hombre que ha dejado de escuchar».* Job 33:12-14

Muchas veces para escuchar a Dios necesitamos cerrar nuestros oídos

El mundo en que vivimos está lleno de ruidos, tanto ruido que en ocasiones se nos hace difícil diferenciar una cosa de la otra. El ruido nos ha robado las palabras del silencio, Dios quiere que aprendamos a escucharlo aún sin Él emitir palabras algunas.

En una ocasión David dijo: *«Diré a Dios: Dios mío, ¿por qué te has olvidado de mí? ¿Por qué andaré yo enlutado, por la opresión del enemigo? Como quien hiere mis huesos, mis enemigos me afrentan, diciéndome cada día: ¿dónde está tu Dios? ¿Por qué te abates, oh alma mía, y porque te turbas dentro de mí? Espera en Dios;*

porque aún he de alabarle salvación mía y Dios mío».
Salmos 42:9-11

Las dificultades en nuestras vidas son unas estrategias de Dios para capturar nuestras atenciones. Él nos ama tanto que está dispuesto a permitir dolor, a fin de provocar un bien en nuestra vida.

Busca razones para adorarlo
y no excusas para callar

A pesar de la lucha y las dificultades, Dios es bueno. Me ama, está conmigo, sabe por lo que estoy pasando, está interesado en extenderme sus manos, y puso un propósito dentro de mí.

Raymond Edman dijo: *«Nunca dudes en la oscuridad de lo que Dios te dijo en la luz».* El rey David expresó: *«Porque un momento será su ira, pero su favor dura toda la vida. Por la noche durará el lloro, y a la mañana vendrá la alegría».* Salmos 30:5

Cuando la noche está más intensa
es porque está a punto de amanecer

¿Cómo podemos adorar a Dios cuando estamos atravesando una gran tormenta y Dios parece no estar enterado de lo que me está pasando? ¿Cómo mantener la vista en Jesús cuando mis ojos están hinchados de llorar? Es en esos momentos cuando debemos decirle a Dios como nos sentimos. Cuéntale exactamente cómo te sientes. Derrama tu alma delante de Él. No es momento para oraciones de protocolos, de muchas elocuencias. Es tiempo para decir: mi alma está angustiada hasta la muerte, siento que no puedo más.

Reconocer tu debilidad es una fortaleza

Dios sería incapaz de depositar la responsabilidad que conlleva un problema en alguien que previamente no haya capacitado para enfrentarlo. Recordemos a Jesús cuando cerca de la hora novena dijo: *«Eli, Eli, ¿lama sabactani? Esto es: Dios mío, Dios mío, ¿por qué me has desamparado?»*

Muchas personas han dicho que el Padre tuvo que darle la espalda a Jesús, porque en ese momento su hijo estaba cargando el pecado de toda la humanidad. Yo difiero en cuanto a esa opinión. ¿Cree usted que un padre abandonaría a un hijo cuando más lo necesita? ¿Abandonaría usted a su hijo porque haya fallado o porque sea acusado de algún crimen? Incluso, con frecuencia vemos madres que puntualmente visitan a sus hijos a la cárcel. Hijos que ante la sociedad no tienen ningún valor, por la cantidad de crímenes cometidos. Pero los hijos nunca pierden su valor antes los ojos de los padres.

Los hijos nunca pierden
sus derechos

Si nosotros siendo malos no abandonamos nuestros hijos, cuanto más Dios. A Jesús le incrustaron una corona de espinas en el cráneo, ambas manos fueron clavadas, los pies, sin olvidar los treinta y nueve latigazos. El dolor, por el que estaba atravesando Jesús era tan intenso que perdió al Padre de vista. Es lo mismo que nos pasa, nos enfocamos tanto en la crisis, dolor, adversidad y tormenta, que perdemos al Padre de vista. Y por eso pensamos que Dios nos abandonó.

Dios sabe que habrá momentos duros y difíciles en la vida que te harán pensar que el Padre se olvidó de ti. Pero recuerda que eres hijo/a. *«Cuando pases por las aguas, yo estaré contigo; y si por los ríos, no te anegarán. Cuando pases por el fuego, no te quemarás, ni la llama arderá en ti».* Isaías 43:2

La promesa de Dios para nosotros es: «*nunca te dejaré*»

Dios nunca nos prometió que no tendríamos problemas. El verdadero problema es que no queremos pasar por problemas. El dolor en la adversidad no marca la diferencia en una persona. Es la firme convicción de ir, por encima de ese dolor, en la búsqueda de un destino mejor, lo cual hace que las personas marquen una diferencia.

La grandeza de nuestro Señor no se muestra en que nos evite pasar por el fuego. Es precisamente porque pasamos por el fuego que Dios promete que no nos quemará. Su carácter no cambia con las circunstancias, el nuestro si. Se nos hace muy fácil identificar a Dios cuando podemos escucharle y disfrutar de su presencia. En cambio, cuando Él guarda silencio y a su vez atravesamos una tormenta, pensamos que se olvidó de nosotros.

El sufrimiento ataca el ser humano en diferentes formas, sin embargo, esa variedad en que se presenta el dolor en nuestras vidas nos permite conocer en diferentes facetas el carácter restaurador de Dios.

En el 2003 fui diagnosticado con glaucoma, una enfermedad de los ojos que le roba la visión de manera gradual. Por lo general, esta enfermedad no presenta síntomas, por lo que el paciente puede perder la visión de manera repentina.

Recuerdo como hoy la voz de aquella doctora en mis oídos: *«Abad, la glaucoma es una enfermedad irreversible, no tiene cura y como destino: ceguera»*. En ese momento, el cosmos se detuvo. Descubrí que hay minutos de setenta segundos, y en mi cabeza tenía un millón de preguntas que hacerle a Dios.

¿Cómo le explicas a alguien que tiene una enfermedad irreversible que todo obra para bien? ¿Cómo canaliza una verdad invisible, cuando tienes un problema visible? ¿Cómo cantar cuando tienes un gran nudo en la garganta?

Hay veces que uno decide creer algo que en condiciones normales se consideran absolutamente irracional. Es cierto que la fe no tiene lógica, pero en ocasiones les ponemos lógicas a nuestras fe. *«Al salir Jesús vio a su paso un hombre que había nacido ciego. Sus discípulos le preguntaron: ¿Por qué nació ciego este hombre? ¿Por el pecado de sus padres o por su propio pecado? Jesús les contestó: Ni por su propio pecado ni por el de sus padres; fue más bien para que en él demuestre lo que Dios puede hacer»*. Juan 9: 1-3 DHH

Nunca se va a presentar un milagro sino se presenta una situación sin remedio. Fue precisamente en una situación sin remedio que pude conocer al Dios que puede sanar de glaucoma. Cuando en la tierra te dicen: *«Ese problema no lo podemos resolver aquí»*, el cielo te grita: ¡Aquí si!

2

LA VOZ DE DIOS

«Así será mi palabra que sale de mi boca; no volverá
a mi vacía, sino que hará lo que yo quiero, y será
prosperada en aquello para que la envié»
ISAÍAS 55:11

*«Dios nos habla por medio de nuestra conciencia, y nos
grita por medio de nuestros dolores»*
C.S. Lewis

La biblia es mucho más que una colección de informaciones. Es única, infalible, fuente inagotable, revelación procedente de Dios. Ella nos relata el origen de la humanidad y la relación del Señor con el hombre. Podemos encontrar la historia de personas que escucharon la voz de Dios, hombres comunes, sin una vida extraordinaria, llenos de faltas e imperfecciones.

«Después de esto, Moisés entró en el santuario para hablar con Dios. Allí, desde la tapa del cofre del pacto, donde están los dos querubines, Moisés oyó la voz de Dios». Número 7:89 TLA

No existe tradición cultural que no se refiera a Dios. La cuestión es cómo expresar esta realidad, más que la ciencia que trata de entender y descifrar si existe un Dios, cuentan lo que hablan con Él. Hombres como Abraham, Moisés, Samuel y los profetas, cuyas historias no pueden ser ignoradas. Dios puede ser escuchado de forma tan intensa que podemos verlo manifestado en cada cosa. Anunciar un Dios que no se relaciona con la humanidad, nos lleva fatalmente a una humanidad sin Dios.

La biblia nos da la certeza que cuando le hablamos a Dios, nos escucha. Pero nosotros debemos aprender a escucharle a Él. Llamó a Samuel por su nombre: ¡Samuel, Samuel! Aunque al comienzo no se identificaba con la voz de Dios, después de ser instruido por el sacerdote Elí, respondió a la voz que le llamaba.

Samuel era un simple servidor del templo, hasta que escuchó la voz de Dios. Servir es el nivel más alto de la vida, pero escuchar la voz de Dios mientras servimos es la respuesta a un servicio de excelencia. Esto no se trata de servirle a Dios para que nos honre, sino honrarle con nuestro servicio.

Moisés era un errante fugitivo en el desierto, cuando escuchó la voz de Dios se convirtió en libertador de pueblo hebreo (Éxodo 3). Abraham era un tallador de dioses de madera, cuando escuchó la voz de Dios se convirtió en el padre de la fe (Génesis 12).

La voz de Dios puede irrumpir lo más profundo de nuestro ser, nos atrae hacia Él y nos invita a gustar de su presencia. Es allí donde el más débil de los hombres se hace fuerte, y hombres de corazón duro, orgullosos, severos y crueles caen cómo débiles a sus pies.

No existen métodos, seminarios, congresos o libros que nos enseñen como escuchar a Dios. Aparentemente creemos conocer a Dios, lo que le agrada y no le agrada, sabemos cómo activarlo y desactivarlo, a qué hora se mueve, cómo y donde hallarlo. ¡Qué ironía! Sabemos tanto acerca de Él pero nada de Él. Hemos hablado, predicado y enseñado tanto del poder y la gloria de Dios, que nos hemos convertido en expertos maestros. El discípulo superó tanto a su maestro que ni lo busca.

Nuestras agendas están llenas, no hay tiempo para orar y cuando hablo de orar no me refiero a orar antes de comer, dormir y después de levantarnos. Hablo de apagar el teléfono, entrar en nuestro aposento, cerrar la puerta y quedarnos allí. No solamente para decirle la cantidad de cosas que necesitamos. Más bien, para oír su voz. En la oración no solo hablamos nosotros, Dios también.

Nadie puede hablar de Dios sin una vida de oración. Leonard Ravenhill dijo: «*La oración es profundamente simple y simplemente profunda, la oración es la más sencilla forma de hablar, simplemente infantil; sin embargo, es tan sublime que sobrepasa y agota todo vocabulario humano*».

Entretenidos no podemos oír su voz

En un artículo por la autora judía Sarah Debbie Gutfreund, describe la desesperación y frenética búsqueda cuando un día su pequeño hijo se extravió en un parque recreativo de Israel. Lo llamó vez tras vez, pero no hubo repuesta. Cuando finalmente lo encontró, el niño ni siquiera sabía que se había perdido. Se encontraba felizmente jugando con un nuevo amiguito sin percatarse del peligro que enfrentaba al haberse alejado de su madre. Sarah dijo que en nuestras propias vidas, a veces no nos percatamos de que nos hayamos «*perdido*» ni estamos conscientes de nuestra vulnerabilidad cuando nos desconectamos de nuestra fuente de vida. Ella escribió: «*demasiadas veces atravieso la vida como si yo estuviese escribiendo mi propio libreto. Mientras tanto Dios se pasa buscándome. Envía a personas, me llama por mi nombre. ¿Alguien la ha visto? Estuvo por aquí hace un rato. No se da cuenta que no puede sobrevivir sin mí. ¿Por qué no responde cuando la llamo?*»

El cristianismo no está basado en la historia del ser humano en la búsqueda de Dios, es Dios quien se hizo hombre para buscar la humanidad. Nuestro interés nunca ha sido el buscar a Dios, Dios es quien despierta en nosotros el interés de buscarlo, pues no se trata de nosotros, se trata de Dios. El hombre nunca encontrará a Dios, si Dios no participa de la búsqueda. Yo estoy a la puerta y llamo, si alguien oye mi voz y abre la puerta yo entraré a él, cenaré con él y el conmigo.

«*Ningún ser humano ha tenido que tocar la puerta del cielo, el cielo siempre está abierto. Es el hombre quien le ha cerrado el corazón al cielo*».

¿Por qué muchos no le pueden escuchar?

Mientras iba de camino con sus discípulos, Jesús entró en una aldea, y una mujer llamada Marta lo recibió en su casa. Tenía ella una hermana llamada María que, sentada a los pies del Señor, escuchaba lo que él decía. Marta, por su parte, se sentía abrumada porque tenía mucho que hacer. Así que se acercó a él y le dijo:

—Señor, ¿no te importa que mi hermana me haya dejado sirviendo sola? ¡Dile que me ayude!

—Marta, Marta —le contestó Jesús—, estás inquieta y preocupada por muchas cosas, pero solo una es necesaria. María ha escogido la mejor, y nadie se la quitará.

Lucas 10:38-49

Vivimos en una sociedad de mucho ruido y con bastante afán. El ruido se apodera de nuestros hogares, entorno, mente y nuestro corazón. Cuando falta el silencio quedamos a la merced de todo tipo emoción. Nos convertimos en personas damnificadas, porque disminuye la atención a lo interno y eterno.

Cuando nos acostumbramos al ruido, interpretamos el silencio como soledad y abandono. ¿Qué haces aquí Elías? Elías interpretó el silencio como soledad. ¡Bueno! Después de tanto ruido, tanto fuego, ¿quién va a buscar a Dios en una suave brisa?

Dios nos habla en tantas maneras, se aparece de cualquier forma; en lluvia que nos refresca después de un día de mucho calor, en el rayo del sol que entra por la ventana, después de llover, en la sonrisa de un extraño en la fila del supermercado.

En mi vida cristiana jamás dudé que Dios habla y se mueve entre nosotros. Pero esta experiencia es una perla que quedará atesorada en mí ser: iba manejando mi automóvil en una carretera de alta capacidad. Había terminado de ministrar, de llevar el mensaje a la iglesia y estaba de regreso a casa, solo. En el trayecto, el maletero del vehículo se abrió. Tuve que detenerme a cerrarlo para poder continuar. Se abrió de nuevo y me enojé. Salí a cerrarlo y volví a tomar mi ruta. Aquello volvió a pasar,

y ya me pareció algo extraño, porque hasta donde sabia mi vehiculó estaba en muy buena condición. Adelante, tratando de llegar lo menos tarde posible, me sorprendí al encontrarme con un accidente fatal. La gente lloraba, y entre gritos trataban de ayudar a las víctimas. Olvidé la prisa y fui colaborar con los heridos. Mientras me agachaba, Dios habló conmigo y me dijo:

«Acabo de salvarte la vida unos minutos atrás, yo te abrí aquel maletero, y apresurado, retomaste con velocidad la distancia que perdiste, y tuve que hacerlo de nuevo, y de nuevo otra vez. Te impedí llegar a esta desgracia». Aquello fue algo fuerte para mí, pero muy fácil de entender. Dios nunca ha dejado de hablarnos, pero el ruido no nos deja oír. Él nos procura, y nosotros huimos. Nos cita, y lo dejamos esperando. Esperamos por algo que no nos dará. Despojemos nuestra mente de tantos argumentos baratos, aprendamos de Él. Callemos, llenémonos de mansedumbre. El silencio puede ser ausencia de ruido, pero puede significar el escenario perfecto para oír su voz. La soledad puede asustarte, hasta el día en que entiendas que Él nunca te dejará. *«Con amor eterno te he amado, por eso te tuve misericordia y esperé por ti».* Jeremías 31:3

La razón por la que muchas personas dicen nunca haber escuchado la voz de Dios, es la búsqueda de su propia independencia. Cuando un bebé nace es tan dependiente de su madre, que su mayor miedo es la ausencia de ella. Sus limitaciones para hablar se hacen notorias a la hora de comunicarse. Llora si tiene hambre, si está mojado el pañal, y cuando tiene algún malestar. Pero ¿qué hace un grito diferente a otro? ¿Cómo distingue una madre las necesidades del bebé? Para quienes no son la madre del bebé, todos los gritos son iguales. En cambio, para ella son tan distintos, que a la distancia puede entenderlos y conocer la causa.

El bebé aún antes de nacer está conectado a su madre a través del cordón umbilical. El niño ha pasado tanto tiempo con mami, que puede conocerla, por su olor. Cuando existe una relación, nos damos a conocer y conocemos. Cuando este niño va creciendo, va perdiendo la dependencia materna, y a la vez se va debilitando la conexión entre la madre y el niño. Ahora siendo un adolescente puede hablar, pero comunica menos. La madre ya no lo entiende, y se ve en la obligación de preguntarle: ¿qué tienes?, ¿qué necesitas?, ¿cómo te puedo ayudar? De igual forma le ha acontecido al ser humano. Nos hemos alejado tanto de Dios que ya no podemos oír su voz y mucho menos reconocerla. ¿La causa? Nuestra independencia, rebeldía, autosuficiencia, falta de oración e incredulidad. Dios quiere hablar contigo, relacionarse, Dios nos ama tanto que envió a su hijo Jesús a tomar nuestro lugar y morir, por nuestros pecados. Lo hizo para que una vez más tuviéramos esa comunicación como en el principio. Dios quiere hablar contigo y escucharte a ti hablar también. La necesidad de escuchar la voz de Dios

«Y te afligió y te hizo tener hambre, y te sustentó con maná, comida que no conocías tú, ni tus padres la habían conocido, para hacerte saber que no sólo de pan viviría el hombre, más de todo lo que sale de la boca de Jehová vivirá el hombre». Deuteronomio 8:3

Todo lo que sale de la boca de Dios es el sustento para la vida del ser humano. No vivimos solo de pan, sino de cada palabra que sale de la boca de Dios. El término *«sale»* se refiere a una función presente y continua. Algo que sucedió y está sucediendo actualmente. Podemos traducir este verso de la siguiente manera: «*El ser humano vive de toda palabra que ha sido hablada y permanece siendo hablada por la boca de Dios*».

1.   La voz de Dios produce fe

Así que la fe es por el oír y el oír, por la palabra de Dios. Romanos 10:17

A menudo Jesús decía: «*El que tiene oídos para oír, oiga*». Dedicar tiempo para escudriñar las escrituras nos hace sensible a Él, y abre un espacio para afinar el oído a su voz. La fe es producto de un conocimiento. Sin conocimiento no hay relación y sin relación no hay revelación. «*La fe tiene la facultad de hacer visible aun a Dios mismo*».

2.   La voz de Dios te dirige

«Pero cuando venga el Espíritu de verdad, Él os guiará a toda la verdad; porque no hablará por su propia cuenta, sino que hablará todo lo que oyere, y os hará saber las cosas que habrán de venir». Juan 16:13

Este mundo necesita escuchar la voz de Dios. Si nuestros líderes no escuchan de Dios, nunca llegaremos a nuestro destino. Jesús siempre supo la importancia de mantenerse escuchando la voz del Padre. Antes de iniciar su día, se apartaba para hablar con Dios y escuchar la dirección divina. Es tiempo de prestarle atención a lo que Dios está diciendo sobre nuestra familia, iglesia, ministerios y gobiernos. A menudo el hombre dice: ¡Háblame Dios! Y es Dios quien constantemente nos dice: pero porque no me escuchan...Dicho de otra forma, lo que produce vida en nosotros no es lo que hacemos, sino lo que

Dios dice de nosotros. *¿Por qué gastan dinero en lo que no es pan, y su salario en lo que no satisface? Escúchenme bien, y comerán lo que es bueno, y se deleitarán con manjares deliciosos. Presten atención y vengan a mí, escúchenme y vivirán.* Isaías 55:2, 3

¡Oh, cuán necesario es escuchar la voz de Dios!

En este tiempo necesitamos equilibrar nuestro corazón con el eterno. En medio de esta escotoma, donde nos vemos con déficit de la vida espiritual, muchos viven extraviados y desubicados de la realidad. ¡Oh Dios vuélvenos a ti! ¿Adán, donde estás tú? Dios nunca ha dejado de hablarle al hombre pero ¿cuándo fue que el hombre dejó de escuchar a Dios? ¿Quién nos hizo creer que sin Él estaríamos mejor? Aquí vemos a Dios llamando a Adán después de desobedecerle. Es cierto que el pecado produce separación entre el hombre y Dios, pero el sacrificio de Jesús rompió toda barrera, por amor al hombre.

«Porque tanto amó Dios al mundo, que dio a su Hijo unigénito, para que todo el que cree en él no se pierda, sino que tenga vida eterna». Juan 3:16 NVI

La voz de Dios ordena tu vida y bendice tus días

«Pero pida con fe, no dudando nada; porque el que duda es semejante a la onda del mar, que es arrastrada por el viento y echada de una parte a otra. No piense, pues, quien tal haga, que recibirá cosa alguna del Señor». Santiago 1:6,7

Los antiguos viajaban distancia en busca de una palabra, honraban a los profetas porque entendían que eran la boca de Dios en la tierra. Los reyes antes ir a una guerra consultaban a Dios por medio de los profetas, entendían que existía un mundo superior a este, «el mundo espiritual». No solo para ir a la guerra, también cuando se enfermaban consultaban al Eterno, para saber si esa enfermedad era de muerte.

No solo los israelitas tenían profetas para consultar lo espiritual, también los pueblos paganos consultaban ese ámbito. ¿Nuestro problema? No respetamos a los hombres de Dios, y cuando consultamos a Dios lo hacemos para un consuelo y no para un consejo. Queremos que la biblia se ajuste a nosotros y no nosotros ajustarnos a ella.

Existe un principio establecido: «lo que se ve fue hecho de lo que no se veía». Todo lo que podemos ver fue traído por la boca de Dios del mundo invisible. También la palabra revelada del Creador dice: «El Espíritu es el que da vida».

«El Espíritu es el que da vida; la carne para nada aprovecha; las palabras que yo os he hablado son espíritu y son vida. Pero hay algunos de vosotros que no creen». Juan 6:63

De la palabra nace la vida y la palabra, que es la vida es también nuestra luz. Al levantarte de mañana declara la palabra para que ella ordene tu día y no que el día determine tus palabras. Determina por la palabra como quieres que sea tu día, y la palabra se encargará de poner en orden tus pasos. Medita en lo que declaraste.

Hay poder en lo que dices

«Te has enlazado con las palabras de tu boca, y has quedado preso en los dichos de tus labios». Proverbios 6:2

Nuestra vida es resultado de lo que decimos, lo que decimos de lo que pensamos, lo que pensamos es el resultado de lo que oímos, y lo que oímos es resultado de con quién andamos. Las palabras son un reflejo de nuestros pensamientos y sentimientos. Lo que crea tu vida son tus pensamientos que pueden ser buenos o malos, luego estos se transforman en palabras y posteriormente en hechos.

«Porque cuál es su pensamiento en su corazón, tal es él. Come y bebe, te dirá; mas su corazón no está contigo». Proverbios 23:7

El pensamiento es aquello que trae a la realidad por medio de la actividad intelectual. Es la capacidad que tienen personas para formar ideas y figuras de la realidad de su mente, relacionando una con otras.

«La palabra controla tu vida. Del fruto de la boca del hombre se llenará su vientre, se saciará del producto de sus labios. La muerte y la vida están en poder de la lengua, y el que la ama comerá de sus frutos». Proverbios 18:20,21

Lo que dice es lo que obtienes

«Porque de cierto os digo que cualquiera que dijere a este monte: quítate y échate en el mar, y no dudaré en su corazón, sino creyere que será hecho lo que dice, lo que diga le será hecho». Marcos 11:23

Lo que recibes como una verdad
se convierte en verdad

«Pero teniendo el mismo espíritu de fe, conforme a lo que está escrito: Creí, por lo cual hablé, nosotros también creemos, por lo cual también hablamos».
2 Corintios 4:13

Basados en esta gran verdad, es importante moldear nuestra forma no solo de hablar, sino de ver las cosas. ¿Por qué? La forma que ves, afecta lo que dices y como lo dices.

¿Qué ves? —Preguntó el profeta a su criado—. El ayudante fue, miró y le dijo:
—No se ve nada. Elías le dijo:
—Vuelve siete veces.
A la séptima vez dijo:
—Yo veo una pequeña nube como la palma de la mano de un hombre, que sube del mar.
Y él dijo:
— Ve, y di a Acab: Unce tu carro y desciende, para que la lluvia no te ataje. 1 Reyes 18:44

En este pasaje el problema no era de Dios, ni del profeta, era del criado. El miró, miró, miró, y volvió a mirar y no veía nada. La nube siempre estuvo allí. Como era muy pequeña, el criado la ignoró. ¿Por qué tenemos la tendencia de ignorar las cosas pequeñas?, ¿por qué menospreciamos?, ¿por qué buscamos solo lo grande? Este criando nunca pensó que la nube que constantemente ignoró, era la nube de Dios. La nube del aguacero, torrentes de agua. Lo mismo aconteció con Isaí y el profeta Samuel. Cuando Dios le envió a ungir al nuevo rey de Israel, nunca se imaginaron que se refería al más pequeño.

Dios parece ser movido por las cosas pequeñas, menospreciadas, estériles, imposible. Esto es buena noticia, porque lo que descalifica, es lo que te califica en Dios.

Un mensaje codificado que debes decodificar

Desde la antigüedad la gente trataba de discernir la voz de Dios en los labios de los profetas. Por esto los judíos entendieron que Dios habló a través de Moisés. Sin embargo, el hombre no debe jactarse de esta virtud, puesto que puede ser deplorable para él.

Mensaje codificado: conocemos a la codificación como un mensaje a través de reglas o normas de un código o lenguaje predeterminado. Una asignación de un valor de símbolos o caracteres a un determinado mensaje verbal o no verbal con el propósito de transmitirlo a otros individuos.

Cuando escuchas algo sobre un mensaje codificado, puede sonar como secreto o misterioso. Un misterio no es misterio porque está lejos, es misterio porque precisamente estando cerca, no lo podemos ver. Jesús en muchas ocasiones hablaba con un mensaje codificado.

«Y les habló muchas cosas, por parábolas, diciendo: He aquí, el sembrador salió a sembrar. Y

mientras sembraba, parte de la semilla cayó junto al camino; y vinieron las aves y la comieron. Parte cayó en pedregales, donde no había mucha tierra; y brotó pronto, porque no tenía profundidad de tierra; pero salido el sol, se quemó; y porque no tenía raíz, se secó. Y parte cayó entre espinos; y los espinos crecieron, y la ahogaron. Pero parte cayó en buena tierra, y dio fruto, cuál a ciento, cuál a sesenta, y cuál a treinta por uno. El que tiene oídos para oír, oiga. Entonces, acercándose los discípulos, le dijeron: ¿Por qué les hablas por parábolas? El respondiendo, les dijo: Porque a vosotros os es dado saber los misterios del reino de los cielos; mas a ellos no les es dado». Mateo 13:3-46

Cuando el mensaje permanece codificado es un misterio. Cuando es decodificado, es una revelación. La revelación es la acción y efecto de revelar y manifestar una verdad secreta u oculta. Para muchos la voz de Dios es un mensaje sin decodificar. La iglesia depende fuertemente de la voz de Dios y el mundo se sostiene por ella.

El apóstol Pablo escribió: «*Mas hablamos sabiduría de Dios en misterio, la sabiduría oculta, la cual Dios predestinó antes de los siglos para nuestra gloria. La que ninguno de los príncipes de este siglo conoció; porque si la hubieran conocido, nunca habrían crucificado al Señor de gloria*». 1 Corintios 2:7,8 RVR 1960

«*Sabiduría de Dios escondida en un misterio*», no quiere decir que es algo inaccesible para la humanidad. Es misterio, algo guardado en secreto por un tiempo, y luego es revelado. Aunque nuestra razón o intelecto no pueden discernir los misterios de Dios, si podemos conocerlos a través de la revelación.

Los misterios no están para permanecer ocultos. Los de Dios nos obligan a vivir una vida en el espíritu. Son verdades ocultas, que solo pueden ser revelados a hombres espirituales.

Nuestro Padre celestial tiene muchas maneras de como manifestarse y de presentarnos su voluntad en el plano físico. Entendemos que la voz de Dios, en este contexto abarca toda forma de contacto de Él con nosotros, toda expresión y acto que le involucre directamente. Los cielos cuentan la gloria de Dios... pero si esperamos que de los cielos se oiga una voz, podríamos caer en lo inadmisible. No que sea imposible, más bien porque no es algo que ocurrirá porque usted y yo queramos. Los cielos son tan maravillosos, que se prestan para expresar cuan sublime es la gloria de Dios. Un artista habla a través de su hermosa obra, aunque sea plasmada en pedazo de tela, en mural o sobre papel. Un atleta que pronuncia ser el mejor, no recibirá un premio solo porque dice que es el mejor, va a necesitar entrar en el terreno de juego y comprobar lo que dice. Necesitará romper y hacer nuevos records. Lograr que la historia escriba algo de él.

Hoy día existen una amplia variedad de procesos a los cuales se someten las informaciones, ya sea con buena o mala intención, que terminan manipulando el mensaje. La palabra de Dios es la forma más segura para quienes buscan identificar lo falso o verdadero. El autor de Hebreos dice: *«Dios habló a su pueblo muchas veces, de muchas maneras; y que luego decidió hablarnos a través del hijo»*.

Los que hemos sido criados en hogares bien estrictos, recordamos cuando nuestros padres con una mirada nos mandaban a callar. ¿Quién no ha escuchado la frase: «*El que calla otorga*»? Asumiendo que si no hay palabras, no significa que no haya opinión, la hay y es muy obvia.

Si la forma modifica el mensaje, siempre será necesario poner sumo interés en asimilar la idea. Lo que más seguridad produce en la comunicación es la confianza. El hecho de saber quién lo dice, a quien va dirigido o la intención. Cuestionar a Dios nunca va a ser favorable, pero meditar en sus hechos, sus palabras y su forma de acercarse a la humanidad, es de sabios. No es lo mismo meditar que indagar. El que medita lo hace en paz, en cambio, el que cuestiona está provocando.

Es infinito lo que ya conocemos de Dios, nuestra existencia terrenal nos basta asimilar todo lo que Él ya dijo. Lo que ya nos ha revelado y manifestado en hechos y palabras. Por eso es que no tiene sentido tratar de ir más allá de lo dicho por Él. A veces somos tercos, ilusos y vanos. La voz del Eterno puede envolverse en las nubes, y salir en forma de lluvia, de un gran silencio. A la vez puede indicar una pausa, un no o un sí. Dios juega con el tiempo y lo utiliza convenientemente hasta lograr una armonía entre Él y sus hijos. Es como la música, a veces el silencio produce una mayor fuerza en el siguiente acorde. En el contraste es donde existe lo más impresionante. Es lamentable que en ocasiones seamos de tan dura cerviz, que necesitamos los mensajes de palos y piedras para entender a Dios. Como padre, se lo frustrante que es tener que recurrir al castigo para que nuestros hijos oigan y obedezcan. Cuando aplicamos ciertas disciplinas a nuestros hijos, ellos no parecen disfrutarla. Como papá, a veces aplicamos soluciones complicadas.

Siempre que exista alguna forma de lograr corregir mis hijos lo intento, a fin de educarlos debidamente. Más o menos, es lo que sucede con Dios, haciendo maravillas para llamar nuestra atención y lograr algo bueno de nosotros. El habla de miles maneras, pero su mensaje es sencillo, nos ama y no hay nada que pueda superar su amor.

3
EL DESIERTO, CAMINO DIFÍCIL
PERO NECESARIO

«Y te acordarás de todo el camino por donde te
ha traído Jehová tú Dios estos cuarenta años en el
desierto, para afligirte, para probarte, para saber lo
que había en tu corazón, si habías de guardar
o no sus mandamientos»
DEUTERONOMIO 8:2

Desierto es un término que se usa para describir un lugar geográfico y también una condición espiritual en la que se encuentran muchos creyentes. Ese lugar te expone, quebranta todo tu ser, exhibe tu necesidad interna ante un Dios que te envuelve. El desierto te deja expuesto para ese encuentro con Dios. Nada ni nadie podrá impedir tu encuentro con el Eterno. Lo verás cara a cara, y eso transformará tu existencia.

El desierto no es un lugar donde los
cristianos mueren, es donde recobran vida

Tenemos la particularidad que cuando alguien menciona que atraviesa un desierto, lo primero que viene a nuestra mente es aflicción. Muchos temen pasar por

ese lugar. No es carencia, ni soledad u olvido. Todos los hombres que Dios llevó allí, nunca estuvieron solos. El desierto es el lugar donde los cristianos son transformados en creyentes.

¿Por qué es necesario el desierto?

Es necesario entender el término «desierto» antes de empezar a señalar nuestro punto de vista tocante a este tema. Ya que para algunos podría parecer que estar allí, puede significar ir próximo a la muerte, o estar ubicado en un lugar de abandono. Más este no es el caso aquí. Para nosotros el uso de esta palabra viene a representar un estado de prueba, una temporada de dificultad o un proceso, cuyo final puede ser variante, dependiendo de la actitud con que lo asimile el individuó que lo atraviesa.

El desierto puede ser un puente para pasar de tus problemas a tu propósito. Pero para otros, es lugar de estancamiento. Él es el final de un lugar, un medio para llegar a un destino. Un puente hacia el otro lado, un riesgo, y la vez un desafío.

Cuanto más claro tengamos el término prueba, más entenderemos la razón por la cual éstas llegan a nuestras vidas. En cuanto anhelamos cambios en nosotros, más rápido empezaremos a sentir el árido sol del desierto. No porque estemos en él significa que nos esperan cosas extraordinarias, tampoco por vernos en un proceso hay promesas de avance. Si vemos camino del desierto con los ojos de Dios, encontraremos algunos propósitos que Él tiene para éste.

Revela nuestro carácter, lo bueno o malo

Necesitamos ver todos los aspectos de la prueba para poder obtener una buena calificación. Y para lograr cambios positivos, se requiere de pasos muy firmes y bien realizados.

Encontrar beneficios en medio de la adversidad no es obra del destino, sino el reflejo de alguien que ha permitido que Dios obre en su vida y que con actitud agradecida puede levantar sus manos y decir: «*Jehová dio, Jehová quitó; sea el nombre de Jehová bendito*».

Con tu manera de hablar y reaccionar muestra lo que realmente hay en ti

Usted decide libremente de qué actitud desea alimentar su vida. Es una opción, creer o dudar.

«*Y te acordarás de todo el camino por donde te ha traído Jehová tú Dios estos cuarenta años en el desierto, para afligirte, para probarte, para saber lo que había en tu corazón, si habías de guardar o no sus mandamientos*». Deuteronomio 8:2

Quebranta nuestro orgullo y nos mantiene humildes

El Señor le dijo al Apóstol Pablo: «*Bástate mi gracia, porque mi poder se perfecciona en la debilidad*». 1 Corintios 12:9

Solamente con un buen enfoque, vamos a lograr objetivos beneficiosos. Sin meditación no hay análisis

minucioso. ¿Quiénes somos?, ¿dónde estamos?, ¿quién nos apoya?, ¿qué haremos?, ¿qué no haremos?, ¿hacia dónde iremos? Y lo más importante: ¿por qué queremos salir de allí?

A menudo escuchamos a predicadores y profetas decir: «*Hoy Dios te saca de tu desierto*». Pregunto: ¿por qué quiero salir del lugar donde conocí a Dios?, ¿dónde vi el mar rojo abrirse en dos?, ¿dónde mis labios gustaron de una comida que no había comido jamás? ¿Lugar de dependencia? Si Dios quiso o permitió que este día llegara a mi vida, si Él me trajo hasta aquí, ¿por qué quiero salir de esta situación tan difícil? ¿No sería un acto de rebeldía, querer estar en abundancia, cuando se nos presenta un día de ausencia de pan?

Todos los procesos conllevan novedad, si hay cambios, hay momentos que no hemos vivido antes. Un cristiano puede enfrentar muchas oposiciones, puede vivir muchas etapas, pero por lo general, podemos decir que un desierto aparece en el camino de quienes en realidad han decidido ir por más. Quienes son puestos a prueba, son quienes antes han sido enseñados por Él y poseen la capacidad de pasar por el agua sin ahogarse, por el fuego sin quemarse y enfrentar la muerte sin quedar sepultados. Así que siendo ya personas experimentadas en su amor, estaremos listos para tomar la decisión correcta, al vernos solos, sentirnos lejos, caer al piso. Estas son las sensaciones que comúnmente sentimos al estar en un desierto espiritual. Así nos visualizamos algunos, cuando no tenemos una clara explicación de porqué cierto caso ha tomado tal rumbo.

«Las cosas secretas pertenecen a Jehová nuestro Dios; más las reveladas son para nosotros y para nuestros hijos». Deuteronomio 29:29

Nunca tratemos de analizar el tono oscuro de una tormenta, en base a la nave que la enfrenta, porque la tormenta no salió de la nave. Tampoco vamos a descifrar los tonos de una canción, en base a su intérprete, puesto que los compositores casi nunca saben si la canción será cantada o quedará en una gaveta. Todo depende del elemento sorpresa, la actitud con que sea recibida.

Muchos capitanes deciden el buen tiempo para navegar, otros se regresan al puerto al acercarse a los vientos amenazantes. Valiente no es aquel que no siente miedo, más bien es aquel, que aun con miedo, va y enfrenta. Que un buen creyente no es el que nunca duda, es el que vence con la fe sus dudas.

Las historias más impresionantes surgen después de una gran batalla. El héroe nace del peligro, la celebración llega cuando hay motivos. Hay una frase que dice: *«Amor, te traje flores, aunque hoy simplemente es un miércoles más».* Pero detrás del dicho, hay una verdad; no todas las esposas reciben rosas, en un miércoles común y corriente. Para que eso pase, ella debe haber vivido a la altura de una gran amante, una pareja ideal; cuya virtudes hagan que un miércoles parezca feriado. Pero para ver el trasfondo de un alago, no siempre se debe juzgar a quien lo recibe, sino a quien lo otorga. Y detrás de un alumno irresponsable, puede que haya un gran maestro, dispuesto a disciplinar a un jovencito a quien ama y en quien cree. Un Dios eterno amando a los mortales. Una victoria oculta detrás de una batalla sorpresiva.

«Entonces fueron y se presentaron a Moisés y Aarón y toda la congregación de los hijos de Israel, en el desierto de Paran, en Cades, y dieron informes a ellos y a toda la congregación. También les mostraron el fruto de la tierra. Y le contaron diciendo: Nosotros llegamos a la tierra a la cual nos enviaste, la cual ciertamente fluye leche y miel. Este es el fruto de ella. Solo que el pueblo que habitaba aquella tierra es fuerte. Sus ciudades están fortificadas y son muy grandes. También vimos allí descendientes de Anac. Amalec habita la tierra del Neguev; y en la región montañosa están los heteos, los jebuseos y los amorreos. Los cananeos habitan junto al mar y en la ribera del Jordán. Entonces Caleb hizo callar al pueblo delante de Moisés, y dijo: ¡Ciertamente subamos y tomémosla en posesión, pues nosotros podremos más que ellos! Pero los hombres que fueron con el dijeron: No podremos subir contra aquel pueblo, porque es más fuerte que nosotros. Y comenzaron a desacreditar la tierra habían explorado, diciendo ante los hijos de Israel: La tierra que fuimos a explorar es tierra que traga a sus habitantes. Todo el pueblo que vimos en ella son hombres de gran estatura. También vimos allí gigantes, hijos de Anac, raza de gigantes. Nosotros, a nuestros propios ojos». Número 13:26-33

Esto es un planteamiento minucioso hecho por los espías enviados por Moisés. Su actitud era obvia, aunque sus razonamientos eran lógicos, y muy entendibles. Lo que se iba a decidir no dependía de esas declaraciones, sino más bien de la consideración del líder que tiene experiencias. Un hombre que ha experimentado el amor de Dios, su poder y grandeza. Existe un sinnúmero de etapas y proceso que atravesaron los siervos de Dios en la biblia, en libros más contemporáneos, y aun en lo secreto de algunos más tímidos, que aún no se animan a contar sus vivencias en este caminar con Dios. No es la historia, no es el individuo que la protagoniza. Es el Dios que hace de un momento cualquiera el principio de una aventura espiritual.

Es viendo las cosas con los ojos espirituales que podremos establecer un justo juicio del desafío. Jamás seremos puestos frente una situación con la que no podamos. Nunca nos vamos a enfrentar a un gigante que no haya sido vencido por Dios, en una ocasión anterior. *«Todo está bajo los pies del nuestro gran Señor»*.

Cuando determinamos ser lo que realmente somos, vivir según la voluntad de quien nos puede llevar hacia destino seguros y considerar sus promesas infalibles, y una vez obtenida la victoria, glorificar a quien hizo posible la parte más difícil del proceso. Parece fácil quedarnos quietos y esperar. Decirlo es como dar lecciones a niños de una escuela pre-primaria. ¡No te muevas!, que simple se lee. Para lograr eso, solo se requiere de una cosa: quietud. Pero es sorprendente oír a los psicólogos decir que lo más difícil para un individuo inseguro o que enfrenta riesgos, es quedarse quieto y dejar que otro le salve.

No sabemos a dónde ir, pero caminamos, no sabemos cómo hacerlo, pero estamos intentando algún método. La misma ansiedad produce desesperación. Y la necesidad hace fácil una seducción.

Cuando Jesús fue tentado en el desierto estaba en necesidad y más adelante, sabiendo que se aproximaba su muerte, encontró en la oración una manera de estar tranquilo. Mas no era preciso dormir. Cerca de su crucifixión, le reclamó a los discípulos porque ellos se

quedaron dormidos. Pero es que el nivel de seriedad que tenían era dormitante, mientras que posiblemente Jesús, teniendo la mente fija en lo que se avecinaba, dormir no estaba en su agenda. Pedro, cuya personalidad es impulsiva, al estar frente al peligro, decidió desenvainar una espada y defenderse como le fue posible. Todas las reacciones allí involucradas eran entendibles. Naturalmente se reacciona, espiritualmente se considera, se medita y se confía en Él, y Él hará. Hay una gran diferencia en someter una petición y quedarnos quietos a encomendar nuestros caminos. El camino es una acción, es nuestra forma de vivir, nuestro accionar en el mundo. Mucha gente espera un milagro sin fundamentos. Lo primero es que los milagros no se planifican, por eso son milagros. Y no podemos pretender vivir de milagros. A menos que usted tenga un familiar o amiga llamada Milagros, dispuesta a mantenerle. Ellos llegan a nuestras vidas sin agenda.

La mano poderosa de Dios se manifiesta a diario en nuestras vidas. ¿Cuántos hermanos tenemos en nuestras congregaciones que han sobrepasado límites en cuanto a datos estadísticos? ¿A qué me refiero? Que muchas mujeres siendo madres solteras, han criados sus hijos llevándolos por buen camino. Doncellas, a pesar de vivir en un sistema totalmente profano e inmoral, han sabido esperar para casarse, según la voluntad de Dios. Y aquel hombre que una vez fue presa del vicio, víctima del sistema y hoy es sacerdocio santo de Dios y escogido para anunciar el evangelio de la Paz.

Aquellos que han encontrado a Dios en sus caminos, han recibido el mayor milagro, se han movido pero según Dios. Han sabido quedarse quietos, confiar y luego enfrentar sus gigantes.

Pienso que en lugar de huirle al desierto, deberíamos estar haciendo la fila para entrar en él. Allí es donde verás a Dios cara a cara y serás transformado, por su resplandor. Es en aquel lugar donde lo común se transforma en extraordinario. El desierto no es una condición de opresión, es una zona que te ofrece libertad de adoración.

4

NO ES EL ENTORNO,
SOY YO

«En lo más profundo de mi corazón amo la ley de Dios.
Pero también me sucede otra cosa: hay algo dentro de
mí, que lucha contra lo que creo que es bueno. Trato de
obedecer la ley de Dios, pero no puedo dejar de pecar
porque mi cuerpo es débil para obedecerla. ¡Pobre de
mí! ¿Quién me librará de este cuerpo, que me hace
pecar y me separa de Dios? ¡Le doy gracias a Dios,
porque sé que Jesucristo me ha librado! »
ROMANOS 7:23-25 TLA

Los seres humanos no solo vivimos en un mundo,
también un mundo vive dentro de nosotros. Existe una gran
conexión entre el mundo externo y el interno. Sin darnos
cuenta estamos creando nuestro mundo visible desde el
invisible. Cuando nuestro mundo externo no funciona
es porque el mundo interno está desequilibrado. Nunca
podremos cambiar nuestro entorno, sin antes cambiar
nuestro mundo interno.

*«Ningún árbol bueno da fruto malo, ningún árbol
malo da fruto bueno. Cada árbol se conoce por el fruto que
produce. De los espinos no se pueden recoger higos ni de
las zarzas se cosechan uvas. El hombre que es bueno hace
el bien, porque en su corazón tiene el bien. Pero el que es*

malo hace el mal, porque eso es lo que llena su corazón. De lo que abunda en su corazón es de lo que habla su boca». Lucas 6:43-45

«Porque cuál es su pensamiento en su corazón, tal es él». Proverbios 23:7

El mundo en el que vives no es el que te afecta, sino el mundo que vive en ti afecta el mundo en el que tú vives. Tenemos que estar consciente de que si ponemos soluciones a nuestros conflictos internos, nuestro mundo externo va a cambiar también.

El mal que afecta al hombre
no viene de afuera, sino de adentro

Jesús dijo: *«Lo que del hombre sale, eso contamina al hombre. Porque de dentro, del corazón de los hombres, salen los malos pensamientos, los adulterios, las fornicaciones, los homicidios, los hurtos, las avaricias, las maldades, el engaño, la lascivia, la maledicencia, la soberbia, la insensatez. Todas estas maldades de dentro salen, y contaminan al hombre».* Marcos 7: 20-22

Invertimos todas nuestras vidas intentando transformar nuestro entorno. Queremos cambiar las personas con la que convivimos, anhelamos buscar otro trabajo, deseamos que nuestro país cambie. Aun en nuestras oraciones les pedimos a Dios: «Señor cambia esto y aquello», cuando todo lo que necesitamos es cambiar nosotros.

Nos enojamos cuando las circunstancias no cambian e ignoramos que las circunstancias son los mejores empleados de Dios. Tú puedes cambiar de sitios los muebles de tu habitación pero la habitación seguirá siendo la misma. Los seres humanos nos sometemos a unas series de alteraciones en búsquedas de cambios. Hemos llegado a pensar que un nuevo *«look»* es suficiente para ocultar la gran nostalgia que abriga nuestro ser.

En la pedagogía moderna se ha establecido que la personalidad de un individuo es formada y/o afectada por un conjunto de elementos que involucran el exterior, dicho de otra forma, el entorno en que se desarrolla o crece ese ser humano. Tanto lo afirman que dicen que si ponemos un bebé en una ciudad y uno en la jungla, por mencionar dos ambientes distintos, uno va a tener la tendencia a reaccionar bruscamente y de forma impulsiva, debido a la falta de orden, parámetros y patrones organizados, mientras que el otro reflejará instintos sofisticados, modales y técnicas propios de sus costumbres y disciplinas.

Respetando las intenciones de estas declaraciones, debemos entender que más que el universo en que crecemos, están los principios internos de cada criatura. Como se refleja cuando un hijo de un ladrón decide por su cuenta que nunca robará, que jamás imitará los actos de su padre, porque entiende que son repudiables. Jacob estaba peleando con su hermano Esaú desde el vientre de su madre. Él no sabía lo que le esperaba, ni se imaginaba lo que ganaría si nacía primero. Este muchacho tenía una actitud muy suya y Dios tomaría su tiempo para lidiar con eso, y cumplir un propósito en esa vida. Más tarde lo vemos enfrentándose a un tío tramposo, mentiroso y astuto y en ese proceso, Jacob siendo ya más maduro, tiende a soportar los abusos de aquel individuo, porque a través del tiempo, había aprendido a fijar su fe en Dios, no en las estrategias carnales, ni en los negocios.

Martin Luther King Jr. decía «*Yo tengo un sueño*» y esa meta era fuerte en su cerebro y corazón. Y en el exterior estaban las luchas, los obstáculos y las oposiciones. Tan pronto el venció sus propias dudas, logró sacar esas ideas y proyectarlas a un gran número de ciudadanos, que se les unirían para pelear por los derechos humanos en los Estados Unidos. Es de adentro del hombre, desde donde fluyen las verdades, las mentiras, los halagos, las ofensas. También desde adentro, nació en Caín el odio que produjo la muerte de Abel. La meditación produce dos estados, desanimo, cuando se piensa mucho en los temores y dudas, y determinación cuando se piensa en recursos y en los posibles resultados. El salmista David solía irse a solas a hablar con Dios y allí buscaba en privado su aprobación. En ocasiones le preguntaba si iría o no con él a pelear a la guerra.

Los días en que el pueblo de Israel se encontró solo, sin Moisés, con Aarón en el desierto, tomó una decisión: hacer un becerro. Un ídolo. Mientras Moisés, quien en realidad estaba solo, como ser humano, se encontraba cerca de Dios. Ellos que eran una gran multitud, sintieron soledad y abandono. Porque en su adentro, dependían de un guía físico, no de Dios. Y es en esos casos en donde Dios tiene que intervenir en nuestras rutinas, permitiendo un aparente caos, para que aborreciendo lo físico, cansados de lo mundano y negados a aceptar lo espiritual, seamos desafiados a buscar en Dios un amigo, a anhelar su revelación y conocerle seriamente, en su amor. Dios es perfecto, soberano, omnipotente. Y aquellos que han pasado por momentos de cruda soledad, de un desierto inhabitable, y han sobrevividos, pueden no solo entender lo poderes de Dios, sino también sus gracias, su amor, su sublime paz. La paz que el mundo no puede dar, porque no la tiene.

Es en medio de las dudas, donde nace el hambre por la verdad. Así como se comprende el valor de lo que se tenía, luego de perderlo, también se sabe adónde no hay que regresar, luego de habernos extraviado y ser hallados por Dios. Las expresiones no necesitan palabras. Con el gesto de un envidioso, nos damos cuenta de que no les gustó escuchar nuestra buena noticia. Con los ruidos de los vehículos nos percatamos de su magnitud. La comunicación no siempre será sonora, visual o táctica.

El hombre de Dios, el espiritual, todo lo juzga según el espíritu y su balanza será justa. No conviene al hombre contender con su hacedor, ni cuestionar a quien lo sustenta. Porque lo sublime del hombre, para Dios, es abominable. Esperar sin movernos, sin actuar, sin proferir palabras, es una de las cosas más difíciles para el ser humano. Más en situaciones donde nuestros esfuerzos no ayudarían en nada, es cuando Dios tiene una oportunidad de actuar. De lo contrario, no lo sabríamos. No entenderíamos que ha sido El. No nos percataríamos de su provisión, si el sueldo y los ahorros, siempre lo cubren todo.

Una reconocida presentadora de televisión y conocida por todos por la forma en que trata sus casos, tuvo entre su programa el de un amo que fue demandado por abusar a un perro, el cual ni comía ni era sacado a pasear debidamente. Permanecía encerrado en su jaula y por lo tanto, creció malformado y con una carencia de pelos muy pronunciada. En esa ocasión presentaron otro perro, de la misma especie y edad, para producir una idea de cómo debería lucir aquel perro en cuestión. Esto trae a nuestra memoria la expresión divina: *«Oh si mi pueblo atendiera a mis mandamientos, y pusiera por obra cada uno de mis estatutos, entonces sería su paz como un rio».* Isaías 48:18

¡Qué diferente cuando andamos en nuestros propios caminos, a cuando Dios es quien guía nuestros pasos!

Más que empaparnos de nuestro entorno y vivir aprendiendo y adaptándonos a nuestro habitad, tenemos la responsabilidad de iluminar y sazonar nuestras comunidades con lo que Dios ha depositado en nosotros. La sociedad necesita líderes, tutores y la intervención de expertos valientes. Pero los problemas espirituales de ésta, no se solucionan con movimientos físicos ni combinaciones químicas. El Señor tiene un papel que desempeñar en nuestras vidas y no existe relevo que pueda suplantarlo. Que bueno que Dios nunca sale lesionado luego de una batalla. Es imposible entonces, que se dé un encuentro con El Padre, si no queremos estar solos físicamente. Nunca se va a manifestar un milagro, si no se presenta una situación sin remedio. Es en las tormentas donde conocemos al inconmovible y su manifestación es admirable. Nadie puede encontrarse con Él, y confundirlo con otro. Es imposible que la presencia de Dios pase por alto. Pero esa experiencia se produce luego de la muerte. Sí, hay que despojarse de todo en la tierra, aun de nuestra propia vida (del ego, del yo) para tenerlo a Él.

El mayor reto con el que nos enfrentamos en la vida no está en las circunstancias externas que nos aquejan, sino en la batalla interna que libramos con nosotros mismo por no dejarnos dominar de ellas. En ocasiones es mucho más fácil ganar una batalla externa que una interna. Siempre nos preparamos para enfrentar combates físicos e ignoramos los conflictos internos. De la única forma que podemos ganar esta guerra es venciendo adentro, para conquistar afuera.

«*Dios nunca te entrará en un lugar donde su gracia no te pueda alcanzar*».

5

CUANDO DIOS SE DEMORA

Un día, Lázaro se enfermó y sus hermanas le mandaron
este mensaje a Jesús: «Señor, tu querido amigo Lázaro
está enfermo». Cuando Jesús recibió el mensaje, dijo:
«Esta enfermedad no terminará en muerte. Servirá para
mostrar el poder de Dios, y el poder que tengo yo, el
Hijo de Dios». Jesús amaba a Marta, a María y a Lázaro.
Sin embargo, cuando recibió la noticia de que Lázaro
estaba enfermo, decidió quedarse dos días más en
donde estaba. Juan 11:2-4 TLA

Para muchos de nosotros, en cierta ocasión Dios se ha
demorado, porque estamos sujetos al tiempo, Dios no. Él
vive en un eterno presente, un día para Dios es como mil
años y mil años como un día. Todos nosotros en algún
determinado momento llegamos a pensar, ¿será que Dios
se olvidó de mí? El que está buscando novia/o, el que está
sin trabajo, los que quieren comprar casa, los que esperan
que Dios haga justicia. Y no solo nosotros, los antiguos en
ocasiones se sintieron así.

Asaj dijo: «*Verdaderamente en vano he limpiado
mi corazón. Porque tuve envidia de lo arrogantes, viendo
la prosperidad de los impíos*». Elías cuando dijo: «Basta
ya, oh Jehová, quítame la vida, pues no soy yo mejor que
mis padres». Pablo dijo: «*Tres veces he rogado al Señor,
que quite de mí este aguijón*».

Bueno es aquello que permite Dios para hacernos cada vez mejores. El desconsuelo llega a la vida de muchos cuando Dios se demora en contestar sus oraciones. Ellos miden a Dios de acuerdo al nivel de sus necesidades. Oran para que Dios cambie sus circunstancias, y cuando no sucede así, dejan de orar, porque Dios no les escucha. La oración no simplemente cambia las cosas, también nos cambia a nosotros. Cuando ores no le pidas a Dios para cambie tus circunstancias, pídele que te permita ver más allá de ellas.

Hay cristianos que constantemente se quejan de sus estilos de vida, piensan que Dios tiene que darles todo, porque tienen un llamado. María llevaba en su vientre el hijo de Dios y tuvo que dar a luz en un pesebre.

Es preferible entender que cuando nuestras circunstancias no cambian, es porque las circunstancias fueron enviadas para cambiarnos a nosotros. Por desdichas, algunos predicadores materialistas han puesto a Dios como un contratista que te da todo con sólo seguirlo. *«La fe como inversiones de un negocio»*. Muchos dejan a Jesús porque no les resolvió un problema, se les olvidó que vivir sin Jesús es el problema más grande del mundo.

¿Por qué Dios prueba nuestra paciencia?

«Así cuando su confianza en Dios sea puesta a prueba, ustedes aprenderán a soportar con más fuerza las dificultades. Por lo tanto, deben resistir la prueba hasta el final, para que sean mejores y puedan obedecer lo que se les ordene». Santiago 1:3,4 TLC

Dios quiere que aprendas que Él es fiel, aun si la respuesta que esperas se demora. El sigue siendo fiel. Si estás desanimado, recuerda que Dios te enseña a tener paciencia con la demora. Pídele que transforme tu desánimo en paciencia. La paciencia es una virtud que se alimenta de las pruebas que la vida ofrece, se perfecciona en las adversidades y se convierte en una joya de incalculable valor para pagar el precio del éxito.

¿Has escuchado alguna vez que todo en esta vida tiene un precio, lo que se adquiere fácil, fácil se va, y que las cosas buenas cuestan? Conocer el valor de las cosas nos ayudan apreciarlas más.

Vale la pena un momento de dolor,
cuando te espera toda
una vida llena de gloria

Alguien que está dispuesto a esperar, es alguien que conoce el valor de lo que recibirá. La paciencia es un rasgo del carácter de Dios impregnado en nuestro ser, que nos permite pasar por situaciones caóticas sin derrumbarnos.

El origen de la palabra paciencia es la raíz latín «pati» que significa sufrir. De hecho esta palabra se introdujo al castellano como paciente de un hospital o *«el que sufre»*.

Viktor Frankl, Neurólogo, Psiquiatra, sobreviviente del holocausto y fundador de la disciplina que conocemos hoy como logoterapia, escribió en su libro *«El hombre en busca de sentido»* lo siguiente:

El *«atreverse a saber» que es tan propio de la naturaleza humana, se debe completar con el «atreverse a sufrir»*, que tiene como virtualidad justificativa el convertir el sufrimiento en acción trascendente, puesto que el sufrimiento aceptado con sentido positivo, nos lleva más allá de nosotros mismos, haciéndonos más aptos para vivir valores humanos de un rango superior a las acciones de los seres humanos, que se siente esclavizado por el afán y la fiebre de la producción puramente material, la única que valora y estima.

El interés principal del hombre es el de encontrar un sentido a la vida, razón por la cual el hombre está dispuesto incluso a sufrir a condición de que este sufrimiento tenga un sentido.

Todos los atletas que compiten en los Juegos Olímpicos tienen una historia de pasión que bordea la locura, el trabajo más duro, momentos de desesperación o un ingenio increíble. Y es que nada detiene a estos atletas, pues las ganas de competir les hacen superar los obstáculos, demostrando su fuerza espiritual. Vencer las barreras con disciplina es el camino hacia el éxito.

«Odié cada minuto de entrenamiento, pero dije no renuncies. Sufre ahora y vive el resto de tu vida como un campeón». Muhammad Ali

Los seres humanos tenemos la tendencia que si algo se demora es porque no llegará. Nos hemos acostumbrados a no esperar. La paciencia es un fruto del espíritu. Dios quiere que aprendamos a depender de Él, a entender que su demora no es demora. Hay una frase que dice: *«Dios siempre llega a tiempo».* ¡Bueno! Dios nunca llega, porque Él nunca se ha ido. Dios es tan mismo, que lo que nosotros conocemos de Él, es más mentira que verdad.

Un silbo apacible y delicado

El le dijo: Sal fuera, y ponte en el monte delante de Jehová. Y he aquí Jehová que pasaba, y un grande y poderoso viento que rompía los montes, y quebraba las peñas delante de Jehová; pero Jehová no estaba en el viento. Y tras el viento un terremoto; pero Jehová no estaba en el terremoto. Y tras el terremoto un fuego; pero Jehová no estaba en el fuego. Y tras el fuego un silbo apacible y delicado. Y cuando lo oyó Elías, cubrió su rostro con su manto, y salió, y se puso a la puerta de la cueva. Y he aquí vino a él una voz, diciendo: ¿Qué haces aquí, Elías? 1 Reyes 19:11-13

¿Puede imaginarse usted? Un profeta que no temía a un viento recio ni a un terremoto, ni al fuego del cielo, ahora está asustado por un susurro de una brisa apacible. ¡El profeta se cubrió el rostro! Elías era un hombre que hablaba con Dios, que oraba para que fuego cayera del cielo. Pero ahora lo vemos asustado con un silbo apacible. Este susurro de Dios era algo desconocido para el profeta. Hoy en día, al igual que el profeta, hay muchas personas tras lo que Dios provoca e ignorando donde Él está manifestando. Puede ser que Dios no se haya demorado. Más bien que entretenido en el fuego, viento y terremoto hayas dejado pasar el silbo apacible. *«Dios se mueve con los que se mueven con Él»*

No esperar en Dios es moverse con alguien más

Y él esperó siete días, conforme al plazo que Samuel había dicho; pero Samuel no venía a Gilgal, y el pueblo se le desertaba. Entonces dijo Saúl: Traedme holocausto y ofrendas de paz. Y ofreció el holocausto.

Y cuando él acababa de ofrecer el holocausto, he aquí Samuel que venía; y Saúl salió a recibirle, para saludarle. Entonces Samuel dijo: ¿Qué has hecho? Y Saúl respondió: Porque vi que el pueblo se me desertaba, y que tú no venías dentro del plazo señalado, y que los filisteos estaban reunidos en Micmas, me dije: Ahora descenderán los filisteos contra mí a Gilgal, y yo no he implorado el favor de Jehová. Me esforcé, pues, y ofrecí holocausto.

Entonces Samuel dijo a Saúl: Locamente has hecho; no guardaste el mandamiento de Jehová tu Dios que él te había ordenado; pues ahora Jehová hubiera confirmado tu reino sobre Israel para siempre.

Mas ahora tu reino no será duradero. Jehová se ha buscado un varón conforme a su corazón, al cual Jehová ha designado para que sea príncipe sobre su pueblo, por cuanto tú no has guardado lo que Jehová te mandó 1 Samuel 13:8-14 (RVR)

Saúl se encontraba en un momento de su vida donde experimentaba el aparente silencio de Dios. El pueblo comenzaba a desertar, era una situación donde aparentemente había que hacer algo. El profeta no llegaba. La historia dice que Saúl esperó... pero no lo suficiente. Fue en ese preciso momento cuando el rey Saúl dijo: *«tengo que hacer algo, el pueblo se está yendo y no puedo quedarme solo».* Saúl hizo lo que no tenía hacer, y eso le costó no solo su reinado, perdió la unción que había recibido, y fue desechado por Dios.

Después que Saúl acabó de ofrecer el holocausto, llegó el profeta Samuel. Este es el resultado no saber esperar en medio del silencio. A lo mejor usted como Saúl esperó unos días, semanas, meses, o quizás un año. Pero al ver que no pasaba nada, hizo lo que usted entendió era correcto. El silencio de Dios es perfecto, porque nos permites conocer lo que realmente hay en nuestro corazón. ¿Cuánto tiempo estamos dispuestos a esperar? ¿Haremos lo mismo que Saúl? Estamos dispuestos a esperar un tiempo o todo el tiempo que sea necesario.

No pierdas la esperanza

La esperanza es lo que nos da la fuerza para seguir caminando cuando todo se ve oscuro. El diccionario define la esperanza como «*confianza en lograr una cosa o en que ocurre algo deseado*». Yo creo que podemos decir que la esperanza es una de las fuerzas más poderosa que mueve al ser humano. Andrew Fuller escribió: «*La esperanza es uno de los resortes principales que mantiene a la humanidad en movimiento*».

En cl gricgo, la palabra esperanza se traduce como «Elpis» y quiere decir: «*La expectativa de algo nuevo*».

«*Por lo cual, queriendo Dios mostrar más abundantemente a los herederos de la promesa la inmutabilidad de su consejo, interpuso juramento, para que por dos cosas inmutables, en las cuales sea imposible que Dios mienta, tengamos un fortísimo consuelo los que hemos acudido para asirnos de la esperanza puesta delante de nosotros*». Hebreos 6:17,18

Hay dos cosas muy importantes que debemos saber:

1.   Es imposible que Dios mienta

«En la esperanza de la vida eterna, la cual Dios, que no miente, prometió desde antes del principio de los siglos». Tito 1:2

2.   Nada hay imposible para Dios

¡Oh Señor Jehová! he aquí que tú hiciste el cielo y la tierra con tu gran poder, y con tu brazo extendido, ni hay nada que sea difícil para ti. Jeremías 32:17

Igual que en los tiempos antiguos que hubo momentos difíciles, duros, problemas sociales, económicos y espirituales. Son los que enfrentamos nosotros hoy en día. No solo son los mismos problemas sino que también contamos con el mismo Dios que les resolvió los problemas. *«Contamos con el mismo Dios».*

Es importante esperar en Dios. Es muy peligroso para un creyente hacer un cambio con una decisión forzada. Es preferible esperar el tiempo que sea necesario en Dios, a forzar una puerta que Dios no ha abierto.

A la espera aplícale fe

«El creyó en esperanza contra esperanza, para llegar a ser padre de muchas gentes, conforme a lo que se le había dicho: Así será tu descendencia. Y no se debilitó en la fe al considerar su cuerpo, que estaba ya como muerto, siendo de casi cien años, o la esterilidad de la matriz de Sara. Tampoco dudó por incredulidad de la promesa de Dios, sino que se fortaleció en fe, dando gloria a Dios, plenamente convencido de que era también

poderoso para hacer todo lo que había prometido».
Romanos 4:18-21

Aplícale valentía

La valentía comienza con una batalla interna. Todas batallas importantes son libradas internamente.

«Se le acercó por detrás y tocó el borde de su manto; y al instante se detuvo el flujo de su sangre. Entonces Jesús dijo: ¿Quién es el que me ha tocado? Y negando todo dijo Pedro y los que con él estaban: Maestro, la multitud te aprieta y oprime, y dices: ¿Quién es el que me ha tocado? Pero Jesús dijo: Alguien me ha tocado; porque yo he conocido que ha salido poder de mí. Entonces, cuando la mujer vio que no había quedado oculta, vino temblando, y postrándose a sus pies, le declaró delante de todo el pueblo; por qué causa le había tocado, y cómo al instante había sido sanada».
Lucas 8:44-47

Aplícale riesgo

Las personas de fe toman riesgo, porque conocen que también hay un precio que pagar por no hacer nada. Thomas J. Watson dijo: *«Solo los que se atreven a fracasar en grande pueden alguna vez lograr lo grande».*

«Luego que supo Mardoqueo todo lo que se había hecho, rasgó sus vestidos, se vistió de cilicio y de ceniza, y se fue por la ciudad clamando con grande y amargo clamor. Y vino hasta delante de la puerta del rey; pues no era lícito pasar adentro de la puerta del rey con vestido de cilicio». Ester 4:1,2

No moriré fuera del propósito

«Por la fe Jacob, al morir, bendijo a cada uno de los hijos de José, y adoró apoyado sobre el extremo de su bordón. Por la fe José, al morir, mencionó la salida de los hijos de Israel, y dio mandamiento acerca de sus huesos». Hebreos 11:21,22

Jacob era un hombre de fe, y cuando alguien tiene tal seguridad y certeza divina, se apoya en él esa verdad y adora. No debemos olvidarnos de las promesas de Dios, tenemos que hacer memorias de ellas y creerlas, porque ellas se convertirán en un bastón que nos mantendrán de pie ante cualquier tormenta.

La vara era parte de su identidad, porque era la manera en que se registraba su autoridad. En la vara de Jacob estaba escrito un historial de fe de todas las revelaciones de Dios sobre su vida. Cuando Jacob adoraba estaba diciendo *«yo me apoyo en lo escrito aquí en mi vara, que habla de lo que Dios declaró a mi vida».*

1.   **Bethel:** El cielo y la tierra se conectan. Dios a través de un sueño le reveló lo que sería del destino de su vida. Una escalera que llegaba hasta el cielo y por ella subían y bajaban los ángeles de Dios. Y desde arriba la voz de Dios decía: *«Yo soy el Dios de Abraham y de Isaac. A ti y a tus descendientes les daré la tierra donde ahora estás acostado. ¡Tus descendientes serán tan numeroso como el polvo de la tierra!»*

Por esta razón es necesario nunca adorar desde nuestra condición, sino desde nuestra posición. *«Apoyado en lo dicho por Dios a nuestra vida».*

2.   Peniel: Es el lugar de nueva identidad, donde Jacob se encuentra cara a cara con el Señor. Es donde Dios deja una marca en su cuerpo, trastorna su cadera como señal de lo que Él ha transformado. Para muchos, la lesión de Jacob era una cojera. Para él, una señal. Jacob ahora, aunque cojeaba, esperaba apoyado en lo que Dios declaró sobre su vida. «*Ya no te vas a llamar Jacob. Ahora vas a llamarte Israel, porque has luchado con Dios y con los hombres, y has vencido*». Génesis 32:28 TLA

Para algunos una cicatriz puede ser algo vergonzoso. Para otros una señal de vida. Quiero hablarte a ti. Si estás rodeado de personas que constantemente viven recordándote las veces que te hundiste intentado caminar en el agua, es tiempo de hacer cambios. Busca personas que te recuerden lo lejos que llegaste cuando empezaste a creer.

¿Sobre qué tú te apoyas para adorar? ¿Tienes alguna cicatriz que recuerde lo que Dios hizo? ¿Estás dispuesto a luchar con Dios y con los hombres por una transformación? Déjame decirte, aunque no tienes una vara para apoyarte literalmente, tienes la palabra escrita de Dios. Hoy puedes tomarla y adorar apoyado en ella. Escribe todo lo que Dios declaró de ti. Cuando vayas adorar tráclo a tu mente. ¡Tu mejor temporada aún no ha llegado! No morirás fuera del propósito. Hoy no tenemos una vara, pero en nuestro espíritu está marcado con cada una de las palabras proféticas sobre nuestra vida.

Hebreos es un libro que nos motiva a seguir confiando en las promesas de nuestro Dios. Narra las historias de hombres que por su fe fueron capaces de enfrentar todo tipo de circunstancias. Por la fe en Dios,

dieron lo más excelente, no vieron muerte (Enoc), se hicieron fértiles. Aun más, algunas mujeres confiaron tanto en Dios, que por su fe Él hizo que sus familiares muertos volvieron a vivir.

La fe es una identidad, es un permiso para transitar en la esfera divina. Es el vehículo que nos transita por los caudales de Dios. Es el lenguaje de la eternidad, la fe es el idioma de los hijos. Quienes tienen fe, no dicen nada que esté contario a lo que escucharon de Dios. En el lenguaje hebreo, la palabra fe es «*Emunah*». Emunah tiene tres definiciones: firmeza, seguridad, y fidelidad.

En el pensamiento judío, una fe que no incluya seguridad y fidelidad, es lo mismo que separar el espíritu del cuerpo.

«Porque como desciende de los cielos la lluvia y la nieve, y no vuelve allá, sino que riega la tierra, y la hace germinar y producir, y da semilla al que siembra, y pan al que come, así será mi palabra que sale de mi boca; no volverá a mí vacía, sino que hará lo que yo quiero, y será prosperada en aquello para que la envié». Isaías 55:10,11

La palabra de Dios no se activa en ti cuando la sabes, sino cuando la crees. Cuando alguien tiene una palabra que ha salido de la boca de Dios, esa palabra germinará, producirá el efecto esperado por encima del mismo diablo, de la enfermedad y la crisis. Dios te dio una palabra y esa palabra germinará.

La germinación es el proceso mediante el cual una semilla se desarrolla hasta convertirse en una planta. Tú morirás cuando Dios lo diga. Muchas personas han abrazado diagnóstico de enfermedades que no eran para muerte, pero así como la fe viene por el oír, también la duda.

«Pero la serpiente insistió: Eso es mentira, no morirán. Dios bien sabe que cuando ustedes coman del fruto de ese árbol, serán iguales a Dios y podrán conocer el bien y el mal». Génesis 3:4 TLA

Prestar atención a lo no dicho por Dios
es ir en contra de Dios mismo

Ahora es una buena oportunidad para traer a memoria todo lo que Dios ha dicho de ti, y de los tuyos. *«No moriré, sino que viviré y contaré las obras de JAH».* Salmos 118:17

Los más importante en tu vida y la mía y lo que marca una diferencia aquí en la tierra y en la eternidad es si conocemos realmente a Dios y que tanto confiamos en su palabra.

Job dijo: *«Lo que antes sabía de ti era lo que me habían contado, pero ahora mis ojos te han visto, y he llegado a conocerte. Así que retiro lo dicho, y te ruego me perdones».* Job 42:5

A fin de cuentas, todos los acontecimientos en tu vida te están acercando a Dios y tu propósito. El propósito de Dios se cumplirá en tu vida.

6

EL SER HUMANO
EN SU BÚSQUEDA

«Me volví y vi debajo del sol, que ni es de los ligeros
la carrera, ni la guerra de los fuertes, ni aun de los
sabios el pan, ni de los prudentes las riquezas, ni de
los elocuentes el favor; sino que tiempo y ocasión
acontecen a todos. Porque el hombre tampoco
conoce su tiempo; como los peces que son presos en
la mala red, y como las aves que se enredan en lazo,
así son enlazados los hijos de los hombres en el tiempo
malo, cuando cae de repente sobre ellos».
ECLESIASTÉS 9:11, 12

No podemos vivir la vida por capítulo o episodio. La vida se vive con propósito. La palabra revelada del Creador nos enseña que el hombre fue creado con un propósito. Cuando alguien vive por episodio, olvida el propósito de la vida.

La vida es unos de los mayores misterios de la existencia humana, un misterio tan profundo como la muerte. Ambos misterios están vinculados íntimamente con el ser humano, puesto que las personas, a diferencia del resto de los seres del universo, tienen la capacidad de reflexionar sobre su propia existencia. ¿De dónde surge la vida?, ¿por qué estoy aquí?, ¿por qué he nacido en este siglo?, ¿qué hay después de la muerte?, ¿existe Dios?

Todas estas preguntas surgen porque el ser humano está en una constante búsqueda. La voluntad de placer, gozar la vida, realmente no es la fuerza fundamental que rige al ser humano. Lo que en realidad el «ser» del hombre busca, es la razón de su existencia. Buscamos ubicarnos en el mundo del porqué. Nos inquieta saber si lo que hacemos y quiénes somos tiene sentido alguno. O simplemente, la vida es algo irónico.

La vida humana no es estado de total felicidad. Es una tensión, un conflicto, es una lucha por querer descubrir la respuesta a esta problemática. El hombre huye de su hacedor y al hacer esto, es donde pierde el sentido a la vida.

«El hombre hace muchos planes, pero solo se realiza el propósito divino». Proverbios 19:21 DHH

«Yo se los planes que tengo para ustedes, planes para su bienestar y no para su mal, a fin de darles un futuro lleno de esperanza». Jeremías 29:11 DHH

El ser humano siente una nostalgia, un anhelo de algo que está más allá de lo que este mundo le pueda ofrecer. Es por esta razón que después de haber buscado entre tantas cosas, su búsqueda por lo original, puro y verdadero se transmite con frustraciones y rebeldía. Y en otros casos suicidios. Esa fuerza y energía que el ser humano invierte en alcohol, drogas, y sexos ilícitos, se debe a que su ser, está reflejando la necesidad de algo puro, verdadero y pleno.

La búsqueda por la verdad y lo eterno no se consigue con expresiones parciales sobre la realidad. Busca respuestas y desean ser contestada. El ser humano tiene sed de plenitud y es imposible saciarle con lo efímero, vano y falso. Se requiere de lo eterno para saciar un espíritu eterno. Dios le ofrece al hombre saciar su sed de plenitud. Lo que las escrituras nos revelan son las respuestas a lo que los seres humanos buscan e indagan. Dios se nos ha revelado a lo largo de la historia de muchas maneras.

1. A través de la creación

«Los cielos cuentan la gloria de Dios, el firmamento proclama la obra de sus manos». Salmos 19:1 NVI

2. A la conciencia humana

«De hecho, cuando los gentiles que no tienen la ley, cumplen por naturaleza lo que la ley exige, ellos son ley para sí mismos, aunque no tengan la ley. Éstos muestran que llevan escrito en el corazón lo que la ley exige, como lo atestigua su conciencia, pues sus propios pensamientos algunas veces los acusan y otras veces los excusan». Romanos 2: 14,15 NVI

3. Sueños

«Jacob partió de Berseba y se encaminó hacia Jarán. Cuando llegó a cierto lugar, se detuvo para pasar la noche, porque ya estaba anocheciendo. Tomó una piedra, la usó como almohada, y se acostó a dormir en ese lugar. Allí soñó que había una escalinata apoyada en la tierra, y cuyo extremo superior llegaba hasta el cielo. Por ella subían y bajaban los ángeles de Dios. En el sueño, el SEÑOR estaba de pie junto a él y le decía: «Yo soy el SEÑOR, el Dios de tu abuelo Abraham y de tu padre Isaac. A ti y a tu descendencia les daré la tierra sobre la que estás acostado». Génesis 28:10-14 NVI

4.   Jesucristo

«Dios, que muchas veces y de varias maneras habló a nuestros antepasados en otras épocas por medio de los profetas, en estos días finales nos ha hablado por medio de su Hijo». Hebreos 1:1 NVI

5.   Biblia

«Ciertamente, la palabra de Dios es viva y poderosa, y más cortante que cualquier espada de dos filos. Penetra hasta lo más profundo del alma y del espíritu, hasta la médula de los huesos, y juzga los pensamientos y las intenciones del corazón. Ninguna cosa creada escapa a la vista de Dios. Todo está al descubierto, expuesto a los ojos de aquel a quien hemos de rendir cuentas» Hebreos 4:12,13 NVI

Dios nunca se ha ocultado de la humanidad, Él se ha dado a conocer. No solo eso, también se ha sometido a los modos que tiene el ser humano para conocer y comunicarse.

Muchas de nuestras acciones se fundamentan en la percepción que tenemos de nosotros mismos, por ello es vital aceptar la percepción que Dios tiene sobre nosotros, lo cual generará las actitudes que nos llevaran a las acciones correctas.

¿Qué sentido tiene la vida?

«En sus manos está la vida de todo ser vivo, y el halito que anima a todo ser humano» Job 12:10 NVI

Encontrarle sentido o propósito a la vida ha preocupado a muchos. Les preocupa porque han enfocado su existencia en lograr metas, conquistar cosas, acumular bienes. Esta búsqueda se convierte un tanto incierta, porque enfocarnos en nosotros mismo nunca nos revelará el sentido de la vida. ¿La razón? No eres tu propio autor.

El Doctor Viktor Frankl, fue un prisionero en Auschwitz, por el gobierno Nazi. Las experiencias vividas en los campos de concentración, les permitieron indagar y descubrir la incógnita fundamental sobre la razón del ser. El escribe: «*El preocuparse por hallar un sentido a la existencia es una realidad primaria, es la característica más original del ser humano*».

¿Qué nos dice Dios sobre el propósito de la vida?

«*Reconoced que Jehová es Dios; Él nos hizo, y no nosotros a nosotros mismos*». A muchos le cuesta entender el sentido de la vida, porque le cuesta reconocer que Dios existe.

Dios nos creó con un propósito, no somos una casualidad. «*Porque por medio de Él fueron creadas todas la cosas en el cielo y la tierra, visibles e invisibles, todo ha sido creado por Él y para Él*». Colosenses 1:16

No dejes de leer el manual

Manual: es una publicación que incluye los aspectos fundamentales de una materia. Se trata de guía que ayuda a entender el funcionamiento de algo o bien que educa a sus lectores acerca de un tema de forma ordenada y concisa.

No olvidaré aquella ocasión cuando mi teléfono dejó de funcionar. Muy molesto comencé a decir: «Este teléfono no sirve, gasté mi dinero en este disparate». Muy disgustado regresé al lugar donde lo compré, dispuesto a insultar a quien me lo había vendido. *«Acabo de comprar este teléfono, no más de una hora, y no sirve».* ¿Qué tiene su teléfono? Preguntó quién me atendía. Que no sirve, -contesté-. Permítame. En menos de dos minutos mi teléfono estaba como nuevo. Aquel caballero del servicio al cliente me recomendó que antes de usar cualquier aparato electrónico, leyera el manual.

La biblia es la palabra de Dios, es un documento de comunicación que busca brindar asistencia a todas aquellas personas que quieren vivir y no solo existir. La palabra de Dios es nuestro manual y contiene información con referencia a nuestra vida. Nos brinda la oportunidad de desarrollar nuestro potencial y capacitarnos para llevar nuestro propósito a cabalidad.

«A menos que se dé por hecho la existencia de Dios, la búsqueda del propósito de vivir no tiene sentido». Bertrand Russell

---

Dios es la fuente de nuestra vida, necesitamos ir a Él para conocer la razón de nuestra existencia.

Antes de formarte en el vientre, ya te había elegido; antes de que nacieras, ya te había apartado, te había puesto nombre. Jeremías 1:5

Este es un principio natural: un árbol produce fruto si sus raíces permanecen en suelo fértil. Este es un principio divino: nuestra vida cumplirá su propósito si se arraiga en la persona de Jesús.

¿Qué busca usted para su vida? ¿Se enfoca en logros temporales que no traerán más que satisfacción temporales o es de lo más audaces que busca siempre las cosas que lo alinean con lo eterno?

El escritor de Eclesiastés lo relata así: «*Alégrate ahora que eres joven, déjate llevar por lo que tus ojos ven y por lo que tu corazón desea, pero no olvides que un día Dios te llamará a cuentas por todo lo que hagas. Deja de preocuparte, pero apártate de la maldad. Ten presente que ni los mejores días de tu juventud tienen sentido alguno*». Eclesiastés 11:9

Aparentemente en estos dos versículos el escritor manda al joven hacer todo cuanto le pida el corazón y luego le dice: ¡Dios te pedirá cuenta por todo lo que haga! No hay otro libro como éste, porque es el único libro que refleja un punto de vista humano. En otras palabras, el escritor te está tratando de decir todo lo que tú quieres hacer, ya yo lo hice y me fue muy mal.

Tomemos en cuenta que este mismo escritor fue el que dijo: «*Entonces decidí ver que de bueno ofrecen los placeres, ¡pero tampoco a esto le encontré sentido! Y concluí que las diversiones son una locura, y que los placeres no sirven para nada. Hice luego la prueba de beber mucho vino y de cometer las más grandes tonterías. Quería ver que de bueno le encuentra la gente a sus pocos años de vida en este mundo*». Rey Salomón.

Vivimos en una sociedad que en lugar de preocuparse por el bien interno y espiritual de la humanidad, solo busca como ofrecerles más placer y entretenimiento, sin importarle la vida interna.

Para nadie es un secreto la crisis moral que vive el mundo actual. Aparentemente para muchos todo está bien y nada anda mal. El profeta Isaías dijo: «*Ay de los que llaman a lo malo bueno y a lo bueno malo, que tienen las tinieblas por luz y la luz por tinieblas, que tienen lo amargo por dulce y lo dulce por amargo!¡Ay de los que se consideran sabios, de los que se creen inteligentes!*» Isaías 5:20

Hace cinco mil años la humanidad perdió el rumbo, esta desviación nos está conduciendo hoy día a un caos. Todos estamos consciente de esto. Hoy, los seres humanos abandonan sus principios por dinero, fama y placer. Y como si fuese poco, pretendemos mejorar este mundo ignorando la vida espiritual.

¿Por qué cuesta tanto practicar la justicia? ¿Qué es peor ser injusto o mediocre? Si hacer lo correcto es bueno, ¿por qué hay tanta gente que no lo practica? ¿Por qué anhelamos la paz y nos distanciamos de Dios? ¡Oh Dios dobléganos! decía Evans Roberts. Me hubiese gustado saber cuál hubiese sido su clamor, viviendo este tiempo.

La tierra por el hombre entendido y sabio permanece estable. Dice un dicho: «*Para muestra un botón*». Dando a denotar que no resulta necesario mostrar o enseñarlo todo, ya que de un ejemplo se puede deducir fácilmente todo lo que falta por descubrir. Según los estoicos, hay una ley natural impresa en todo el universo y la razón humana nos dice como hemos de comportarnos. Si algunos no la ven o no la siguen, esto es porque son tontos, pues quien es verdaderamente sabio conoce esta ley y la obedece. ¿A qué ley se refieren?

Ley natural. Está basada en lo que es correcto. La ley natural es descubierta por los humanos mediante el uso de la razón y el escoger entre lo bueno y lo malo. Por lo tanto, el poder de la ley natural reside en descubrir ciertos estándares universales de la moralidad y de la ética.

La necesidad de Dios en el ser humano es notable sin la participación de profetas. La injustica, corrupción, inmoralidad, tomar el nombre de Dios en vano, calumnias, mentiras, entre otros.

El mundo entero habla de Dios y a la misma vez lo niega. Dios es la mejor representación de sí mismo. Ya que el hombre lo hace muy mal. Alguien que hurta tiene el apellido de su padre, pero no lo representa. Solo aquellos que honran al padre lo representan. Y he aquí, se oye una voz de los cielos que decía: «*éste es mi hijo amado*».

Todos sabemos que una familia está compuesta de varios miembros. Pero existen hijos que les producen placer al padre y otros disgustos.

Nosotros, como líderes tenemos un reto por delante: orientar y equipar esta generación con todas las herramientas posible. Mi gran preocupación es que estos jóvenes y niños/as que están creciendo solamente escuchando de Dios, pero no están viendo a Dios. Nuestro compromiso con ellos no es solo hablarles de Dios, sino mostrárselo.

La naturaleza del ser humano

No podemos olvidar que somos Bio-Socio-Espiritual. Que estamos moldeados por dos naturalezas que están siempre presentes y no podemos ignorar: material y espiritual.

La naturaleza material del hombre es fruto de su evolución física y aunque es indispensable para la existencia en este mundo, si se le permite que rija su alma los resultados serán injusticias, inmoralidad y egoísmo. En cambio, la naturaleza espiritual del ser humano se caracteriza con el amor, justicia, bondad y paz. Los individuos logran realizarse como seres humanos cuando fortalecen su naturaleza espiritual, al grado en que ésta sea la que gobierne su existencia. En otras palabras, no somos seres humanos tratando de ser espirituales. Somos seres espirituales que tratamos de vivir como humanos.

«Así que les digo: Vivan por el Espíritu, y no seguirán los deseos de la naturaleza pecaminosa. Porque ésta desea lo que es contrario al Espíritu, y el Espíritu desea lo que es contrario a ella. Los dos se oponen entre sí, de modo que ustedes no pueden hacer lo que quieren. Pero si los guía el Espíritu, no están bajo la ley». Gálatas 5:16,17

«Las obras de la naturaleza pecaminosa se conocen bien: inmoralidad sexual, impureza y libertinaje; idolatrías y brujerías; odios, discordias, celos, arrebatos de ira, rivalidades, disensiones, sectarismos y envidias; borracheras, orgías, y otras cosas parecidas. Les advierto ahora, como antes lo hice, que los que practican tales cosas no heredarán el reino de Dios.

En cambio, el fruto del Espíritu es amor, alegría, paz, paciencia, amabilidad, bondad, fidelidad, humildad y dominio propio. No hay ley que condene estas cosas. Los que son de Cristo Jesús han crucificado la naturaleza pecaminosa, con sus pasiones y deseos. Si el Espíritu nos da vida, andemos guiados; por el Espíritu. No dejemos que la vanidad nos lleve a irritarnos y a envidiarnos unos a otros».

7

TIEMPO Y OCASIÓN

«Me volví y vi debajo del sol, que ni es de los ligeros la carrera, ni la guerra de los fuertes, ni aun de los sabios el pan, ni de los prudentes las riquezas, ni de los elocuentes el favor; sino que tiempo y ocasión acontecen a todos. Porque el hombre tampoco conoce su tiempo; como los peces que son presos en la mala red, y como las aves que se enredan en lazo, así son enlazados los hijos de los hombres en el tiempo malo, cuando cae de repente sobre ellos».
ECLESIASTÉS 9:11, 12

Como cristianos es importante entender el concepto del tiempo y solo en las escrituras puede tener una comprensión clara de este término. Definir el tiempo ha sido una tarea muy difícil para los seres humanos. Dios tiene un tiempo determinado para todo aquí en la tierra.

«El hombre, como hierba son sus días; florece como la flor del campo, que pasó el viento por ella, y pereció, y su lugar no la conocerá más». Salmos 103:15,16

Los seres humanos nos preparamos para festejar nuestros nacimientos y olvidamos que existe un tiempo señalado en que hemos que partir de esta tierra.

El tiempo le pertenece a Dios

«¡Vamos ahora! Los que dicen: hoy y mañana iremos a tal ciudad, y estaremos allá un año y traficaremos y ganaremos; cuando no sabéis lo que será de mañana. Porque ¿Qué es nuestra vida? Ciertamente es neblina que se aparece por un corto tiempo y luego se desvanece. En lugar de lo deberías decir: Si el señor quiere, viviremos y haremos esto o aquello». Santiago 4:13-15

El tiempo en cualquier de los sentidos está vinculado con la eternidad. Cuando hablamos de «tiempo» estamos hablando de una porción de la eternidad.

El tiempo humano es efímero, en cambio, el de Dios es Kairos: *«momento adecuado u oportuno».* Dios tiene un tiempo para cada cosa. Jesucristo era consciente de que había un calendario divino que controlaba los hechos de su vida aquí en la tierra.

«Estas cosas habló Jesús y levantando los ojos al cielo, dijo: Padre, la hora ha llegado; glorifica a tu hijo, para que también tu hijo te glorifique a ti; como le has dado potestad sobre toda carne, para que de vida eterna a todos los que le diste». Juan 17:1, 2

Existe un calendario divino que controla los hechos de nuestra existencia. Es importante equilibrar nuestro corazón a la agenda divina, para no perder ningunos de nuestros eventos.

Salomón dijo: todo tiene su tiempo. Kronos es el tiempo del reloj, el antes y el después, el tiempo que se mide. Pasa por nuestras vidas, sin detenerse y para nosotros, inicia desde el instante de nuestro nacimiento hasta el instante de nuestra muerte. Kronos es el presente, pasado y futuro, lo que voy a hacer ahora, las horas en el trabajo, movimientos.

«El instante es la continuidad del tiempo,
pues une el tiempo pasado con el futuro».
Aristóteles

Kairos es un tiempo muy distinto, pasa dentro el tiempo de kronos. Nosotros vivimos en kronos, pero no somos de kronos ni pertenecemos totalmente a él. Kairos, es nuestro intercesor, lo necesitamos para que nuestras vidas no sean solo nacer y morir.

Kairos es el instante, oportunidad y también un lugar. Kairos es un momento oportuno, designa una medida apropiada, una proporción ajustada, un tiempo exacto.

A menudo confundimos lo que es tiempo con lo que es una ocasión y creemos que si nos enfrentamos a una mala temporada, es un tiempo malo o que si la ocasión es adversa, nos enfrentamos a un mal tiempo. Las ocasiones y las temporadas son determinadas por los sucesos y las circunstancias. Una temporada puede ser corta o larga, pero el tiempo es una porción de la eternidad que manejamos aquí en la tierra. Una ocasión se nos presenta a cada obstáculo que enfrentamos, sea buena o mala. Mas el tiempo, por su parte, no es malo nunca. Lo que antes se llamaba comúnmente mal tiempo, hoy se conoce como condición climática.

El tiempo es un instrumento y creo que ya en las líneas anteriores quedó claro que podemos sacarle mucho provecho o simplemente, lamentarnos de que el tiempo nos mató. Una embarazada espera que pase el tiempo para que su hijo llegue a la vida, pero a una persona convaleciente, es posible, que su muerte solo sea cuestión de tiempo. El mismo tiempo que trae vida, es el mismo que mata.

El tiempo es más bien un espacio, dentro del cual pasa de todo. Job puede decirnos mucho de eso, su ocasión era muy adversa, pero su tiempo en este mundo fue espectacular. Porque una vez superada la tormenta, su vida continuó hacia lo que estaba delante. Una actitud de descuido puede empeorar la situación, enfrentar las cosas con pesimismos, podría envolvernos aún más en los problemas. Hay un dicho que dice: «*Un mal con tiempo tiene cura*». Lo que significa que si se actúa rápido, la enfermedad tiende a sanar con más facilidad. Existe otra frase popular que expresa: «*Donde se mata la vaca, ahí mismo se desuella*» Queriendo resaltar que con pérdida de tiempo, las cosas podrían cambiar. O si se aplaza, pueden cambiar las posibilidades.

Con el tiempo todo se modifica, pues es imposible que las cosas sigan intactas. El tiempo provee desarrollo a lo que posee vida y deterioro, a cosas con deficiencias o deterioradas, en ciertas partes. Así que no es ni malo, ni bueno en sí.

Es en el universo donde tienen lugar las historias, las tragedias, los milagros, los desastres, las aventuras románticas, los duelos a muertes. A un mismo tiempo se pueden ver personas enfrentando diferentes ocasiones. En el norte, una temporada de progreso, en el sur una de pérdidas y depresión económica. El tiempo no es lo que determina la ocasión. Él es el escenario.

La historia está encerrada en el tiempo, pero para darle un cambio a la historia haremos uso del mismo, para transformar la situación en una ocasión beneficiosa. Por ejemplo: existen personas que viven lamentándose por los errores del pasado. A ellos les hubiese gustados que existiera alguna fórmula para devolver el tiempo. Vivir excesivamente pensando en el pasado produce melancolía. Otras personas viven excesivamente centradas en el futuro, y los asalta la ansiedad.

«Por nada estéis afanosos, sino sean conocidas vuestras peticiones delante de Dios en toda oración y ruego, con acción de gracias». Filipenses 4:6

Recomendaciones para no ser víctimas del tiempo

A. Recuerda que en la vida no existe el fracaso, solo resultados.

B. El éxito es el resultado de las decisiones acertadas.

C. Las decisiones acertadas son el resultado de la experiencia.

D. La experiencia suele ser del resultado equivocado (errores).

«Dios nos ha provisto de tiempo como un elemento importante. Un espacio donde desplazarnos hacia un destino o un final».

Somos dueños de situaciones y oportunidades. A pesar de que podríamos llamarlos malos ratos o malas rachas, pero son todos nuestros. A nuestra orden, para nuestros propios bien. Aprendemos, maduramos y experimentamos el favor y el poder de Dios. A todos nos acontece alguna cosa difícil. A cada uno le visita una temporada difícil. Pero con el tiempo algunos se acomodan, otros progresan y otros empeoran por ignorancias, vagancias o malas acciones.

Una que otra movida, permiten al individuo experimentar lo que será su historia. Mas no depende sólo de las movidas, pues Dios interviene milagrosamente en las vidas de los suyos. Dios es nuestros Dios. Jehová, el Dios de los judíos, es nuestros Dios. Pero viendo las dificultades que enfrentó ese pueblo, empezaremos a cuestionar si esas dificultades son partes del plan divino, si envueltos en esas podemos seguir considerándonos hijos de Dios. El favor de Dios resulta visible cuando todo va bien, eso según una mentalidad inmadura.

Pensando que Dios nos ama, porque todo va bien, es una idea tonta y vana. A pesar de que mirando la ocasión como un todo, empeora nuestra forma de considerarlo. Si vemos el sol, en su máxima expresión, podemos verlo como algo brillante y difícil de soportar, a la hora de tomar una siesta. Pero cuando se oculta un poco, es perfecto para dormir. Si se oculta por más de 10 horas, desesperamos, deseando que vuelva a aparecer. Pero una bajada o subida de marea, no debe modificar nuestra fe.

Es natural que los cielos cambien de color. Así debe el creyente maduro entender que la vida presenta varias tonalidades en el plazo que nos ha sido concedido disfrutarla. Un buen agricultor no se da por vencido a la primera tardanza de la lluvia, no se alarma, sin primero tratar de proveer su propio modo de regadío manual, modificando la circunstancia, manipulando todo a su favor para no desesperar, para no tener desperdicios, para aprovechar el tiempo, y producir aún cuando las estadísticas pronostican otra cosa.

Cuando Samuel visitó a Isai fue para ungir a uno de sus hijos y les fueron traídos siete jóvenes, de los cuales ninguno le fue confirmado por Dios. Si el profeta se dejaba llevar por las circunstancias, tomaba a uno de ellos y depositaba el aceite encima, para que concluyera su misión. Pero el tiempo no lo dominó, él supo esperar, razonar y hacer la pregunta correcta. Obteniendo una sorpresiva respuesta: Sí, hay uno en el campo.

Dios no escogió un tiempo para cada cosa, Él nos pone a nosotros por encima de las cosas, por encima del tiempo, utilizando todo para tratar con nosotros a fin de obtener los resultados que desea.

Fiel es Dios. Fieles somos llamados a ser nosotros. El tiempo mas, por el contrario, si puede que parezca que se lleva muchas cosas. Nos acostamos esperando que mañana sea un mejor día. Y si la fe está puesta en que Dios nos dará un mejor día, amen. Pero si creemos que las cosas mejorarán solas, nos equivocamos. Y si hacemos lo correcto, veremos los resultados más convenientes. ¿Pero acaso no pasa que hacemos todo bien y las cosas acaban mal? ¡Wow! Eso es una realidad que sabe amargar a los que de tal modo acontece, ya que si hemos hecho el esfuerzo de lugar, creemos que va a pasar algo bueno. Pero es por eso que necesitamos entender las ocasiones, y que como un pedazo de tiempo, no deben determinar nuestras vidas.

Una ocasión es solo un momento, una temporada, más la vida sigue. La ministro de alabanza Yolanda Adams interpreta una canción muy poderosa que se titula «*This too shall pass*» (Esto también pasará). Dejando saber que las pruebas son momentáneas y que con el tiempo, vamos a enfrentar distintas temporadas. En los pueblos antiguos, vemos que se destacan ciertas dinastías, cuando un padre es sustituido por un hijo y luego el hijo de éste pasa a ocupar el puesto y así se heredan los reinados. Está el caso de los Faraones. Y la palabra de Dios menciona lo que son las generaciones, los años y los siglos. Pero todo esto ha pasado y el tiempo sigue corriendo.

Jacob se adelantó al tiempo y tomó la primogenitura, antes que su hermano Esaú. José, cuando fue notificado por María que iban a tener un bebé «Jesús», él no se apresuró a acusarla, ni a ponerla en vergüenza. Sino que se tomó tiempo, para ver cuál sería la mejor decisión. Existen los distintos caracteres. Cada uno reacciona diferente, ante situaciones parecidas. Por ejemplo, hay estudiantes que si reciben una calificación de 80% en un examen, se enojan, porque están esperando un 100%, un 98%, por lo menos. Pero un alumno que está siempre sacando un 65% o 70%, estará feliz con el 80%. Y sea un examen final o no, aun tendrán más ocasiones para hacer las cosas mejor o peor. Si un estudiante de baja calificación vuelve a su mala racha, parecerá que aquello fue una «*dicha*», cuestión de suerte. Si ese estudiante sigue mejorando, será solo el principio de algo bueno.

Quiero motivar a los lectores a hacer buen uso del tiempo, de cada día y cada minuto, incluso. Y no nos toca a nosotros decir que haremos con las pruebas o con los buenos momentos, con los desafíos o las oportunidades. Creo que la palabra de Dios ya nos tiene bastante consejos y sugerencias acerca de la reacción correcta frente a cada caso. Romanos 12 nos invita a renovar nuestras mentes.

El libro de los Proverbios nos aconseja para estar menos expuestos a los problemas interpersonales. Eclesiastés nos plantea lo vana que es la vida. Y el libro de Los Hechos comparte las experiencias de los primeros creyentes, alumbrando las múltiples posibilidades que se avecinan a lo largo de la vida de quienes deciden seguir a Cristo seriamente. Pero en fin, la oración es un modo de cambiar nuestro carácter para bien, la meditación en la Palabra de Dios y el convivir con creyentes maduros y con una fe firme.

Esas también son maneras de aprovechar bien el tiempo y enfrentar correctamente las dificultades momentáneas, van a favorecer los resultados al final de la jornada y posiblemente hasta hace más corto el tiempo que dura una tragedia. Buena actitud produce más momentos felices. Ya que la gratitud atrae más favores. Pero es mucho más hermoso ser productivos que ser consumidores. Y los que producen más de los que consumen, son unas bendiciones a su entorno, ya que les alcanza para compartir. Pero quien siempre necesita, aleja a los amigos.

José en Egipto, el Faraón le da la oportunidad de decidir qué hacer para evitar que el hambre se apodere de la nación. José le comunica que va a guardar el trigo, para cuando la tierra no produzca más del grano, entonces utilizar los almacenes. Buena manera de aprovechar los buenos momentos. Y es fácil para un individuo reaccionar bien frente tiempos difíciles, pero lo más complicado es ver madurez en tiempos de abundancia. Es muy diferente la forma en que la gente ve los negocios, a la forma en que la gente ve la inversión. Y el tiempo es la gran diferencia. El que compra y vende es una negociante de rápida movida. El que invierte necesita esperar un tiempo prolongado para ver los resultados. Y los dos métodos dan buenos resultados, si se utilizan debidamente. Y Dios que es soberano, puede traer sorpresas, milagros, maravillas y bendiciones, que se presentan en manera impresionantes. Pues la intervención de los sucesos sorpresivos, nos mantienen humildes. Sabiendo que de todo puede pasar.

Que la tierra da su fruto y también lo niega, que el cielo produce lluvia y a la vez, de los cielos recibimos el calor solano que quema los tiernos retoños de una planta recién brotada. Todo esto, sujeto a la soberanía de Dios, que es el dueño del tiempo y es quien provee cada bendición que llega a nosotros.

«Después Jesús les dijo a sus discípulos: No se pasen la vida preocupados por lo que van a comer o beber, o por la ropa que van a ponerse. La vida no consiste sólo en comer, ni el cuerpo existe sólo para que lo vistan. Miren a los cuervos, no siembran ni cosechan, ni tienen graneros para guardar las semillas. Sin embargo, Dios les da de comer. ¡Recuerden que ustedes son más importantes que las aves! ¿Creen ustedes que por preocuparse mucho vivirán un día más? Si ni siquiera esto pueden conseguir, ¿por qué se preocupan por los demás? Aprendan de las flores del campo, no trabajan para hacerse sus vestidos y sin embargo, les aseguro que ni el rey Salomón, con todas sus riquezas, se vistió tan bien como ellas. Si Dios hace tan hermosas a las flores que viven tan poco tiempo, ¿no hará mucho más por ustedes? ¡Veo que todavía no han aprendido a confiar en Dios! No se desesperen preguntándose qué van a comer, o qué van a beber. Sólo

quienes no conocen a Dios se preocupan por eso.
Dios, el Padre de ustedes, sabe que todo eso lo necesitan.
Lo más importante es que reconozcan a Dios como único
rey. Todo lo demás, Él se lo dará a su debido tiempo».
Lucas 12:22-31

8

VACÍO DEL ALMA

«No me eches de delante de ti, y no quites de mí tu
Santo Espíritu. Vuélveme el gozo de tu salvación, y
espíritu noble me sustente».
Salmos 51:11,12

*«Tratar de vivir sin Dios,
es decidir vivir incompleto».*

El vacío es un sentimiento muy complejo, se aferra a
nuestra alma con mucha fuerza. Existen personas que al
poseerlo todo, experimenta un profundo vacío, un hueco
en su interior. Sentirse vacío es llegar a pensar que nuestra
existencia no tiene sentido, aunque lo externo demuestre
todo lo contrario.

Mi socorro

*«Alzaré mis ojos a los montes, ¿De dónde vendrá mi
socorro? Mi socorro viene de Jehová, que hizo los cielos y
la tierra».* Salmos 121:1,2

Este es uno de mis salmos favoritos, por la pregunta que encierra: ¿De dónde vendrá mi socorro? Socorro: Ayuda, auxilio, protección. La palabra auxilio solo la utilizan aquellos que están solicitando ayuda inmediata. El salmista David expresó lo siguiente: «*Saca mi alma de la cárcel, para que alabe tu nombre*».

Cuando alguien experimenta una sensación de vacío, soledad y desesperación, está poniendo en evidencia la ausencia de alguien. Y no tener a quien acudir en tiempo de desesperación puede producirnos una anhedonia (*Sentimiento de crónico de vacío*).

Antes de empezar a puntear nuestra idea y planteamiento, es necesario averiguar ¿por qué podemos sentirnos vacío? Hemos de saber que queremos decir con esa experiencia subjetiva y en cualquier caso: ¿De qué nos llenamos cuando nos sentimos llenos?

Sustitutos

¿Es mi marido o mi mujer el/la que me llena?, ¿es ese trabajo presuntuoso? o ¿es la vida que llevo?

Es necesario saber que nada de esto explica la experiencia de vacío. El vacío es una consecuencia ontológica del ser y en ninguno de los caso puede llenarse con cosas.

El vacío es como un agujero negro que tratamos de rellenar con todo tipo de adicciones, pero que ninguna de ellas pueden rellenar o resolver el vacío del alma. No se llena con nada literal. Este mundo está lleno de personas viviendo una vida vacía, sin sentido, razón de ser y, sin una causa que los motive a sentirse vivos.

Lo insustituible

La palabra presencia en hebreo literalmente significa rostro, faz, cara. Cuando nos alejamos de la presencia de Dios, nos estamos alejando del rostro de Dios. Esto es significativo por lo siguiente: la palabra rostro tiene un significado poderoso. Para un bebé lo más importante es ver el rostro de sus padres. Cuando un bebé se va a dormir por las noches, lo último que ve por encima de la cuna es el rostro de sus padres.

El tiempo más importante para un bebé es cuando ve el rostro de sus padres. El semblante de ellos se convierte en la referencia en medio de este mundo. El rostro de papá es lo que te ubica, es lo que te da dirección. En la bendición sacerdotal se dice: Que el Señor alce sobre ti su rostro.

De la misma forma que un bebé busca ver los rostros de sus padres, debemos anhelar con desesperación buscar el rostro de Dios.

En una ocasión Dios le dijo a Moisés: «*Mi rostro irá contigo, y te haré descansar. Y Moisés respondió: Si tu rostro no ha de ir conmigo, no nos saque de aquí*». Éxodo 33:14,15 RVR1909

Si analizamos esto, Moisés tenía cuarenta años viviendo en un desierto, literalmente. Para él lo más importante no era el lugar donde vivía, sino poder ver el rostro de Dios. Intentar vivir sin ver su rostro nos conduce una vida vana, deplorable y luctuosa. No fuimos diseñados para vivir sin Él.

«Como el ciervo brama por las corrientes de las aguas, así clama por ti, oh Dios, el alma mía. Mi alma tiene sed de Dios, del Dios vivo». Salmos 42:1,2

Cuando el ser experimenta lo que es disfrutar de su presencia, nos sentimos completos, suficientes y amados. Es allí donde el silencio expresa más que mil palabras, donde el oro pierde su valor, todo nuestro ser se siente pleno.

¿Alguna vez ha experimentado su presencia? ¿Anhela su presencia más que cualquier otra cosa? ¿Qué está dispuesto a perder por su presencia?

¿Por qué es importante su presencia?

Los que procuran la presencia de Dios trascienden las circunstancias y sobreviven ante cualquier desierto. Los hombres que han trastornado la historia no han sido los más elocuentes, sino aquellos que gustaron de su presencia.

Es Dios quien desea ser atrapado por alguien cuya sed por su rostro exceda todo tipo de obstáculos y limitaciones. Que no escatima nada, aunque eso equivalga dar vueltas en un desierto, siempre y cuando Dios esté allí con él.

Quienes procuran la presencia de Dios no se quedarían en Egipto comiendo carnes y cebollas. Comida que solo alimentaria lo físico y deja el alma en penuria, errante como a siervos bramando por agua.

En lo personal, he logrado comprender la importancia de su presencia, la realidad de su Espíritu haciendo contacto con el mío. Siempre le digo a la congregación que pastoreo, cuando eres alcanzado por Dios e inundado por su gloria, con desesperación lo buscarás. El día que no sientes su presencia «su ausencia es notable».

Dios en mi habitación

Recuerdo el día que Él me visitó. Mayo 5, 2001

Jugaba beisbol para Fort Worth Cats en Texas, íbamos camino a Luisiana a jugar una serie de tres partidos. Estaba entusiasmado porque nuestro equipo era muy competitivo y pasaríamos a los *playoffs*. Pero desde temprano sentía algo distinto en los aires, algo inexplicable. Cuando llegamos al hotel mi compañero de cuarto se enfermó y lo llevaron de emergencia al hospital. Estando solo en mi habitación, sentí aquel gran deseo de orar. Tenía una lucha porque habíamos viajado catorce horas en autobús y quería descansar para el partido. Yo traté de ignorar aquello, pero no pude. Traté de resistirlo, pero cra mucho más fuerte el deseo de orar que de dormir. Bueno, me dije a mismo: Okey, voy a orar diez minutos y luego a dormir.

Siempre cargaba conmigo un radio portátil «*Walkman*», allí tenia varios CDs con mis canciones favoritas. Procedí a buscar entre todas a ver cuál coincidía con la ocasión. Aparentemente lo que estaba tratando de hacer era aplacar el deseo de orar. Pero no, incrementaba y debilitaba mi humanidad. No entendía que no era yo quien quería hablar con Dios, era Dios que quería hablar conmigo. Esta era una guerra que nunca iba a ganar.

Cuando tomé la decisión de arrodillarme, algo inexplicable ocurrió. Toda la habitación se llenó de luz, mi cuerpo comenzó a temblar. Aquella habitación parecía un pedazo de cielo, perdí toda la fuerza, mis ojos estaban llenos de lágrimas y queriendo pronunciar palabras, no pude.

Allí estaba yo, hablando un lenguaje desconocido, llorando sin saber porque, pero si por quien. Yo, que solo pensaba en aquel juego y Dios solo pensaba en mí. ¡Qué ironía! Llegar a pensar que solo podemos sentir la presencia de Dios en la iglesia o cuando alguien nos ponga las manos. En aquel cuarto del hotel no había una banda de música para provocar a que Dios descienda, un buen predicador, un grupo de intercesión «atando el hombre fuerte». Con esto no quiero decir que tener música en la iglesia sea pecado, ser predicador o tener intercesores. Lo que sí quiero decir es, que Dios se mueva o no, depende de Él. Cuando acreditamos lo que Dios hace a los hombres, es una gloria vana. No somos nosotros quienes salimos en busca de Dios, es Dios quien sale en nuestras búsquedas.

Aquel día mi vida cambió, no volvió a ser igual. Entendí que no es como caes antes su presencia, sino como te levantas. Yo no tenía la intención de orar, y si lo hacía era una oración para presentarme delante de Él. El Espíritu de Dios habló a mi vida aquella tarde y me dijo: «*Estoy levantando una generación dispuesta a transformar el sistema de este mundo, de la que yo mismo daré testimonió de ellos. Una generación que ama mi corazón y no mi provisión*».

Desde entonces vivo para Dios y no importa el rumbo que está tomando este sistema, hay una generación que está siendo despertada por Dios, una generación de la que tú y yo somos partes. «Somos la generación correcta». Quienes se identifican con este llamado entienden que en lugar de abandonar esta asignación, renunciarían a todo lo que les obliga abortar la misión.

Beneficios que producen la presencia de Dios

a. La presencia de Dios te da identidad

«Gedeón estaba sacudiendo el trigo para esconderlo de los Madianitas. Y el ángel de Jehová se le apareció, y le dijo: Varón esforzado y valiente». Jueces 6:12

Las escrituras revelan a Gedeón como un cobarde, pero cuando el ángel se le apareció lo llamó: «varón esforzado y valiente». En otras palabras: *«Gedeón, hay un poder en ti que tu desconoces, un poder que librará a Israel de los Madianitas. ¡Y ese poder es mi presencia en ti!»*

Cuando nos sentimos débiles, en Dios somos fuertes, cuando no sabemos quiénes somos, en su presencia tenemos identidad.

b. La presencia de Dios te da favor y gracia

La palabra revelada del Creador nos enseña que como cristianos podemos vivir bajo favor y gracia. Favor: es la atmosfera espiritual que nos rodea y nos cubre, y nos brinda acceso a la bendición de Dios. Gracia: es un don divino gratuito y concebido por Dios para ayudar los seres humanos a cumplir sus mandamientos, salvarse y ser santo.

«Y puso Dios a Daniel en gracia y buena voluntad con el jefe de los eunucos». Daniel 1:9

Existe un dicho muy conocido que dice: «Es mejor caer en gracia que ser gracioso». La gracia de Dios es regalo para quienes buscan su rostro. La gracia de Dios abre puertas que nadie puede cerrar y cierra puertas que nadie puede abrir. Dios nunca te meterá en un lugar donde la gracia no te pueda alcanzar.

c. La presencia de Dios trae bendición

Desde el principio Dios demostró que siempre tenía la intención y el deseo de bendecirnos. Abraham es la mayor evidencia de esto. La historia de Abraham comienza con su llamado, cuando su nombre era Abram. Dios lo llama y le dice: *«Vete de tu tierra y tu parentela, y de la casa de tu padre, a la tierra que yo te mostraré y hare de ti una nación grande, y te bendeciré, y engrandeceré tu nombre, y serás bendición».*

La biblia enseña que «la bendición de Jehová es la que enriquece, y Él no añade dolor con ella». Es triste ver a miles de cristianos venir a la iglesia solo en busca de bendición. Y no está mal anhelar ser bendecido, sino que nuestra prioridad debe ser: venir a la iglesia buscando un encuentro con Dios y ese encuentro con su presencia nos traerá bendición.

No en vano el Apóstol Pablo nos da esta advertencia: *«Pero los que solo piensan en ser ricos caen en las manos de Satanás. Son tentados a hacer cosas tontas y perjudiciales, que terminan por destruirlos totalmente. Porque todos los males comienzan cuando solo se piensa en dineros. Por el deseo de amontonarlos, muchos se olvidaron de obedecer a Dios y acabaron por tener muchos problemas y sufrimientos».* 1 Timoteo 6:9,10 TLA

La mayor bendición de Abraham no fueron los bienes, la fama y el respeto, aún de sus enemigos. La bendición de Abraham fue que Dios le llamó «amigo». ¿Existe mayor bendición que esta? ¡Ser amigo de Dios! ¿Le puede faltar cosa alguna a quien es amigo del creador de todas las cosas?

Hay personas que han dejado a Dios por dinero y luego regresan por que los han perdido todos. En cambio, otras que han dejado todo por la amistad de Dios, y Él les ha dado mucho más de lo que dejaron atrás.

Cómo superar el dolor

«Ya no me llamen Noemí, llámenme Mara, porque Dios todopoderoso me ha llenado de amargura». Rut 1:20

«Un corazón alegre es la mejor medicina».

Científicamente está comprobado que el dolor emocional es algo común en que todo ser humano lo experimentan en cierto momento de su vida, nadie está exento.

El dolor emocional es más difícil de enfrentar que un dolor físico, puesto que los seres humanos tendemos a querer ocultarlo. El dolor emocional lo experimentan personas en todas las esferas sociales, es causado por heridas que lesionan el alma. ¿Alguna vez ha escuchado a alguien decir: ¡Tengo un dolor en el alma!?

Conforme el dolor aumenta se apodera más y más de nuestros ser y puede llegar a minar nuestro organismo y nuestra mente hasta el punto de padecer enfermedades mortales, desbalances de hormonas, rencores, odios y resentimientos difíciles de desarraigar.

La palabra revelada del Creador nos enseña: *«Que una raíz de amargura puede aún hasta impedirnos alcanzar la gracia Dios».* Hebreos 12:15

Nunca voy a olvidar cuando aquella ocasión que me tocó asistir un servicio fúnebre, era un joven de apenas veinte años, lo habían asesinado. Cuando llegué, el llanto y el dolor se podían sentir en el aire. El sufrimiento de aquella madre inconsolable conmovía a todos los presentes. Cuando me indicaron que era tiempo de iniciar, sucedió algo inesperado; la madre del joven se lanzó sobre mis hombros y con gran dolor exclamó:

«¡Pastor! Ore por mí, me duele el alma, pastor. No aguanto más, no aguanto más, mi hijo, pastor, mi hijo, pastor, me lo mataron, me lo mataron».

Mi alma se conmovió y con un gran nudo en mi garganta traté de orar, pero no pude. Todo lo que pude hacer fue llorar con aquella madre inconsolable.

Hay eventos en nuestra vida que nos dejan sin palabras, sin aliento y en muchos casos sin fuerzas. El dolor es sólo un evento que pasa por nuestra vida. Cuando sientas llorar ¡hazlo! Llorar puede ser la medicina que tu alma necesita. Dile a Dios exactamente que tanto te duele esa traición, esa perdida, ese problema.

En la escuela de la vida, los problemas y el dolor se convierten en las pruebas que se presentan para que salgan aprobados únicamente aquellos que se han preparado para ofrecer lo mejor de sí mismo.

Una nación permanece o cae basada en su naturaleza espiritual. Existe un concepto fundamental en muchas ramas del judaísmo de que lo que se percibe en nuestro mundo material es reflejo de lo que ocurre en un nivel espiritual. Se realizan guerras a ambos niveles y la victoria tiene mucho que ver con la espiritualidad que con lo físico.

Cuando David y sus hombres vinieron de regreso a casa, descubrieron que los Amalecitas habían atacado, les habían prendidos fuegos a la ciudad, y aunque no mataron a alguien, se habían llevado como esclavos: mujeres, ancianos y niños. Entre las mujeres, se habían llevado las esposas de David. Cuando él y sus hombres vieron esto, dice la biblia que se echaron a llorar de tal forma que se quedaron sin fuerza. David el guerrero, en llanto y en público.

Existen muchos mitos en cuanto a llorar. Se decía que las que lloran son las mujeres, los hombres no, porque es símbolo de debilidad. Llorar da salida a una gran tensión interna, libera el alma y alivia la tristeza. Nos da serenidad. El llanto facilita la asimilación y la aceptación de la ausencia de nuestros seres querido.

Sin embargo, David no se quedó llorando todo el día, se levantó e hizo lo correcto. Fue a consultar a Dios. Llorar no cambia las cosas, por eso David secó sus lágrimas y consultó a su Dios. Cierto, llorar nos alivia el alma, pero vivir llorando la consume.

Conozco personas que antes una adversidad se dieron por vencidos. Se quedaron llorando, pero no dieron el próximo paso: ¡consultar a Dios!

¿Por qué debemos consultar a Dios?

1. Para pedir dirección
David consultó a Jehová y le preguntó: ¿Debo perseguir a esos bandidos? Y si los pérsigos; ¿los alcanzaré? 1 Samuel 30:8

Cuando no consultamos a Dios nos consumimos persiguiendo cosas que nunca alcanzaremos. Consultar a Dios trae respuestas, dirección y estrategias.

Dios respondió: *«Persíguelos, porque vas a alcanzarlos y también vas a recuperar lo que se robaron».*

Ahora David tenía la respuesta que esperaba; síguelos que los vas alcanzar y recuperas lo perdido. El peor error que podemos cometer es perseguir algo sin el permiso de Dios. Y abandonar algo que Dios nos mandó a perseguir.

Es tiempo de que consultes a Dios, pregúntale y encontrarás respuesta. Pero no te muevas sin oír su voz. Muchas personas viven frustradas por vivir persiguiendo cosas que no deben perseguir.

2. Da fortaleza

«David se fue con sus seiscientos hombres. Al llegar al arroyo de Besor, doscientos se cansaron y no pudieron continuar. David siguió persiguiendo a los amalecitas con los otros cuatrocientos hombres». 1 Samuel 30:9

Cuando es Dios que da la orden es necesario seguir, aunque te quedes solo. Si Dios es por ti, ¿quién contra ti? John Knox dijo: *«Un Hombre que está con Dios, está siempre en mayoría».* Nuestra victoria no la garantiza el tamaño de nuestro ejército. Lo que garantiza nuestra victoria es la causa que defendemos y para quien peleamos.

3. Aumenta nuestra fe

Actuar sin consultar a Dios es orgullo. Pero consultar a Dios y no actuar es hipocresía. David no se detuvo a pesar de las dificultades; doscientos hombres se cansaron y no pudieron continuar, David siguió persiguiendo a los amalecitas con los otros cuatrocientos. Cuando encontró a los amalecitas, la batalla duró hasta la noche del día siguiente. Dios nunca te pondrá a pelear con un enemigo que ya Él no haya vencido previamente.

Cuando Dios te dice: persíguelo, es porque lo alcanzarás. Busca, es porque encontrarás. No te rindas, es porque lo vas a lograr. Sin esfuerzo alguno no hay victoria. Invierte todo tu tiempo y fuerza en aquello que puedes alcanzar.

Actitud correcta

«Y haz lo correcto y bueno ante los ojos de Jehová, para que te vaya bien, y entres y poseas la buena tierra que Jehová juró a tus padres; para que Él arroje a tus enemigos de delante de ti, como Jehová ha dicho». Deuteronomio 6:18,19

La historia que les voy a contar la leí hace muchos años, desconozco el autor que la escribió, pero en realidad es una de esas historias que no pueden quedar sin ser contadas. Lucas era el tipo de personas que no deja de sorprender. Permanecía de buen humor y siempre tenía algo positivo que decir. Cuando alguien le preguntaba cómo le iba, respondía: Si pudiera estar mejor, tendría gemelo. Se dedicaba a la administración de restaurantes, era un motivador natural. Su personalidad era tan impactante que en una ocasión un amigo le preguntó por su forma de vivir la vida: No lo entiendo... no es posible ser una persona positiva todo el tiempo; ¿Cómo lo haces? Lucas respondió: *«Cada mañana me despierto y me digo a mi mismo: Lucas, puedes escoger entre estar de buen o de mal humor. Elijo estar de buen humor. Cada vez que sucede algo malo, puedo asumir el papel de víctima o aprender de ello. Decido aprender de ello. Cada vez que alguien viene a mí para quejarse, puedo aceptar su queja o puedo señalarle el lado positivo de la vida. Prefiero el lado positivo de la vida».* Sí, claro, pero no es tan fácil, – protestó su amigo–. Si lo sé – dijo Lucas–, todo en la vida es cuestión de lecciones. Cuando quitas todo lo demás, cada situación es una elección. Tú eliges como reaccionarás ante cada situación, tú decides como la gente afectará tu estado de ánimo, tú escoges estar de buen humor o de mal humor. Esta afirmación puso a pensar a su amigo: *«Uno es quien elige como vivir la vida».*

Al poco tiempo perdieron contacto, cada uno siguió su propio camino y emprendió sus propios proyectos. Años más tarde, Lucas fue víctima de un robo. Durante una mañana dejó la puerta trasera del restaurante abierta, oportunidad que unos ladrones no desaprovecharon. Infortunadamente, uno de los asaltantes perdió el control de sus emociones y en medio de la discusión, disparó su arma en repetidas ocasiones, causándoles heridas de consideración a Lucas. La ayuda de los vecinos permitió llevarlo relativamente pronto a una clínica, donde debió ser sometido a una compleja cirugía que duró largas horas. Seis meses después del accidente y ya totalmente recuperado de las heridas, se encontró de nuevo con su amigo, quien le quiso preguntar que le había pasado por su mente en el momento del asalto: *«lo primero que vino a mi mente fue que debí haber cerrado con llave la puerta de atrás. Luego, cuando estaba tirado en el piso, recordé que tenía dos opciones: podía vivir o podía morir. Me gusta más la alternativa de vivir».* ¿No sentiste miedo? –Le preguntó su amigo–. No –contestó Lucas–. Me sentía en buenas manos. Los médicos que me atendieron fueron geniales, no dejaban de decirme que iba a estar bien. Pero cuando me llevaron al quirófano y vi las expresiones de los rostros de los médicos y de las enfermeras, realmente me asusté... Podía leer sus ojos: «Es hombre muerto». Supe entonces que debía tomar decisiones. ¿Qué hicistc? –Preguntó de nuevo el amigo– Bueno... uno de los médicos me preguntó si era alérgico a algo. Tras respirar profundo grité: Si, a las balas... todos rieron. Le dije: Escojo vivir, opéreme como si estuviera vivo, no muerto.

Lucas sobrevivió por la destreza de los cirujanos, pero sobre todo, por su actitud. La actitud de una persona no está en la acción, está en la reacción. Usamos la misma cantidad de fe para una actitud positiva y una negativa.

Alguien con buena actitud puede vestirse de ropas hecha con sacos de arroz y se ve bien. Pero alguien con mala puede vestirse con oro y no se siente bien. No es la ropa, es la actitud. Una buena no solo cambia tu vida, también cambia tu ambiente.

La actitud del creyente

«Había a la entrada de la puerta cuatro hombres leprosos, los cuales dijeron el uno al otro: ¿Para qué nos estamos aquí hasta que muramos? Si tratáremos de entrar en la ciudad, por el hambre que hay en la ciudad moriremos en ella; y si nos quedamos aquí, también moriremos. Vamos, pues, ahora, y pasemos al campamento de los sirios; si ellos nos dieren la vida, viviremos, y si nos dieren la muerte, moriremos. Se levantaron, pues, al anochecer, para ir al campamento de los sirios y llegando a la entrada del campamento de los sirios, no había allí nadie. Porque Jehová había hecho que en el campamento de los sirios se oyese estruendo de carros, ruidos de caballos, y estrépito de gran ejército; y se dijeron unos a otros: He aquí, el rey de Israel ha tomado a sueldo contra nosotros a los reyes de los heteos y a los reyes de los egipcios, para que vengan contra nosotros. Y así se levantaron y huyeron al anochecer, abandonando sus tiendas, sus caballos, sus asnos, y el campamento como estaba y habían huido para salvar sus vidas. Cuando los leprosos llegaron a la entrada del campamento, entraron en una tienda y comieron y bebieron, y tomaron de allí platas y oros y vestidos, y fueron y lo escondieron; y vueltos, entraron en otra tienda, y de allí también tomaron, y fueron y los escondieron. Luego se dijeron el uno al otro: No estamos haciendo bien. Hoy es día de buena nueva, y nosotros callamos y

si esperamos hasta el amanecer, nos alcanzará nuestra maldad. Vamos pues, ahora, entremos y demos la nueva en casa del rey. Vinieron, pues, y gritaron a los guardas de la puerta de la ciudad, y les declararon, diciendo: Nosotros fuimos al campamento de los sirios, y he aquí que no había allí nadie, ni voz de hombres, sino caballos atados, asnos también atados, y el campamento intacto».
2 Reyes 7:3-10 RVR 1960

No tienes que ser perfecto para hacer lo correcto. Hacer siempre lo que es correcto nos alinea con la eternidad. La vida nos da la oportunidad de tomar decisiones. Hoy tendrás la oportunidad de tomar muchas. Algunas de ellas afectarán tu vida transitoria aquí en la tierra y otras tu vida eterna. Ambas son importantes.

El cambio de actitud no es un suceso, es un proceso que se desarrolla paso a paso.

«Sé vivir humildemente, y sé tener abundancia; en todo y por todo estoy enseñado, así para estar saciado como para tener hambre, así para tener abundancia como para padecer necesidad». Filipenses 4:12 RVR1960

Cambiar de actitud requiere dc fc, para tener fe requiere de confianza, para tener confianza requiere de paciencia, para tener paciencia hay que pasar por pruebas. Las circunstancias en nuestra vida pueden ser tan beneficiosas o dañinas, todo depende de la actitud que mantengamos. Lo que para algunos es oportunidad de crecer en carácter y resistencia, en otros se puede convertir en una dificultad para su crecimiento. Necesitamos ver las circunstancias desde la perspectiva de Dios. De esta forma lograremos atravesar cualquier tormenta y no seremos amedrentados por los que en ese momento pudiéramos estar viendo.

«Porque por fe andamos, no por vista».
2 Corintios 5.7 RVR 1960

La fe es uno de los temas más tocado en la vida cristiana. Muchos de lo que una vez profesaron ser hombres de fe, dudaron. La misma palabra de Dios dice: *«Sin fe es imposible agradar a Dios»*. Pero ¿quién en algún momento de su vida no ha dudado? Mantener una actitud que proyecte fe no es tan fácil como se dice. La vida de un cristiano está llena de desafíos. Nunca ha sido cierto que cuando vienes a Jesús se terminan los problemas. Por lo general, inician.

El secreto de la vida cristiana es luchar diariamente ante cualquier adversidad, está en la renovación constante y confiar plenamente en Dios. En el Dios que hizo todo, de la nada. El que sostiene en sus manos todo cuanto existe, el Dios que venció la muerte, Él está a nuestro favor.

«Dios nunca te pondrá a luchar con un enemigo que ya Él no haya vencido previamente».

9

EL NO DE DIOS

Ve y dile de mi parte a David lo siguiente:
¿Cómo está eso de que tú quieres
construirme una casa?
2 Samuel 7:5

Imagínese que es usted quien se dirige donde Dios bien entusiasmado para informarle que donará todo el dinero para la construcción del nuevo templo. Y la respuesta de Dios es: «*El templo se construirá, pero no con tu dinero*». Usted es una persona mentirosa y murmura a los hermanos de la iglesia. No puedes hacerme casa a mí con tu dinero. ¿Cuál sería su reacción?

Esa fue la respuesta de Dios hacia David. ¿Cómo es que tú quieres hacerme casa a mí? David, tu no. Tus manos han derramado mucha sangre. La intención de David era muy buena y la respuesta de Dios sorprendente: ¡No!

David tenía una virtud digna de imitar, nunca contendía con Dios. Confiaba totalmente en el Señor. Siempre estuvo dispuesto a caer en sus manos y aceptar cualquier dictamen de parte de Él.

«Cuando una puerta se cierra, usted habrá encontrado el fin de una de las formas que Dios no había destinado para cumplir el propósito en su vida, pero tendrá nuevas oportunidades para que si pueda lograrse».

«Después de tu muerte, yo haré que uno de tus hijos llegue a ser rey de mi pueblo. A él sí lo dejaré que me construya una casa y haré que su reino dure para siempre. Yo seré para él como un padre y él será para mí como un hijo. Si se porta mal, lo castigaré como castiga un padre a su hijo, pero nunca lo abandonaré como abandoné a Saúl. Además, yo haré que el reino de tus hijos sea firme y dure para siempre». Natán fue y le dio el mensaje a David. Entonces David fue a la carpa donde estaba el cofre, se sentó delante de Dios, y le dijo: «Mi Dios, ¿cómo puedes darme todo esto, si mi familia y yo valemos tan poco? ¿Y cómo es posible que prometas darme aún más, y que siempre bendecirás a mis descendientes? ¿Qué más te puedo decir, Dios mío, si tú me conoces muy bien? Tú me dejas conocer tus grandes planes, porque así lo has querido. ¡Qué grande eres, Dios mío! ¡Todo lo que de ti sabemos es verdad! ¡No hay ningún otro Dios como tú, ni existe tampoco otra nación como tu pueblo Israel! ¿A qué otra nación la libraste de la esclavitud? ¿A qué otra nación la hiciste tan famosa?» 1 Crónicas 17

David quería hacer una casa a Dios, Dios le dijo no. No era un no de enojo, negativo o menosprecio. En cambio, el Señor parecía estar impresionado. ¡Nadie me había ofrecido eso antes y jamás le pedí a alguien que lo hiciera! Una vez más, David tocó el corazón de Dios.

Aunque el Señor no permitió que David construyera el templo, eso no le impidió al rey David participar.

«Dios eligió a mi hijo Salomón para que le construya el templo, sin embargo, él todavía estaba muy joven y no tenia experiencia para hacer un trabajo tan importante. ¡Él construirá el templo para nuestro Dios, y no se trata de la construcción de un palacio ordinario!» Con muchos sacrificios he podido juntar los materiales necesarios para construir el templo de mi Dios: oro, plata, bronce, hierro y madera para los muebles y utensilios que deben ser confeccionados. También he reunido muchísimas piedras preciosas de todas clases.

«Es tan grande mi amor por este templo para mi Dios, que además de todo lo que ya he reunido, voy a entregar de mis propias riquezas lo siguiente: cien mil kilos del oro más fino que existe, y doscientos treinta mil kilos de platas finas, para recubrir las paredes del templo y sus edificios, y para los muebles y utensilios que harán los artesanos. «Quién de ustedes quiere demostrar hoy su amor a Dios, dando una ofrenda para la construcción del templo?» 1 Crónicas 29:1-5

La mayoría de nosotros nos enfadamos ante la respuesta inesperada de Dios o algún familiar. Tomamos un no como un desprecio o rechazo. Nos dejamos engañar del enemigo, quien nos hace creer que Dios no nos ama. Tu bien sabes que el haberte dicho que sí, te hubiese hecho daño.

«Si usted no puede obtener lo que esperaba, no se sienta en desesperanza y permita que las energías de su vida se desperdicien; sino levántese y cíñase para ayudar a otros a alcanzarlo. Si usted no va a construir, usted puede reunir los materiales para aquel que lo hará. Si usted no bajará a la mina, usted puede detener las cuerdas para los que lo harán». -Meyer

Lo que en esta dimensión es una puerta cerrada, en otra dimensión es una puerta abierta. Una puerta cerrada por Dios es más beneficiosa que mil abiertas por el hombre. Esperar en Dios es muy difícil, pero es lo más seguro.

Existen momentos en nuestra vida donde hemos pedido dirección a Dios para ejecutar algo o tomar una decisión y Dios nos ha dado una respuesta y probablemente esa no ha sido del todo alentadora para nosotros, más cuando su respuesta es un no.

¿Qué significa un no de Dios?

Dios maneja un tiempo que no es el nuestro. El no usa reloj. Cuando en nuestras oraciones buscamos de Dios una respuesta, su tardanza la vemos como un no. El ser humano tiene la tendencia de inclinarse a lo que ve, siente u oye.

¿Por qué somos tan impacientes cuando se trata de esperar? ¿Por qué viene la desilusión? ¿Por qué nos desanimamos?

El egoísmo, la naturaleza humana impulsada por motivaciones auto interesadas. ¿Objetivo? Satisfacer sus propias necesidades incluso pasando por encima de los intereses de los demás.

De la creación somos los únicos que vamos en búsqueda de las bendiciones de Dios y a la misma vez huimos de Él.

La palabra revelada del Creador señala que Dios es todopoderoso, que está en control total de todas las cosas; presentes, pasadas y futuras. Nada sucede por casualidad en esta esfera. Dios no se asombra, tampoco se asusta y nunca se ha equivocado.

El no de Dios es el bien de los hombres. La voluntad de Dios es buena, agradable y perfecta. Un no de Dios es bueno.

«Porque como los cielos son más altos que la tierra, así mis caminos son más altos que vuestros caminos, y mis pensamientos que vuestros pensamientos». Isaías 55:9

Para poder abordar que significa un no de Dios, es necesario hablar que: «Dios es Omnisciente». Decir que Dios es omnisciente es afirmar que posee un conocimiento perfecto. Que no tiene necesidad de aprender. También es decir que Dios nunca ha aprendido, tampoco puede aprender.

El libro de los libros enseña que Dios nunca aprendió de nadie. ¿Quién enseñó al Espíritu de Jehová o le aconsejó enseñándole? ¿A quién le pidió consejo? ¿Quién le enseñó el camino del juicio? ¿Quién entendió la mente del Señor? ¿Quién fue su consejero? Si Dios pudiese en algún momento, o de alguna forma recibir en su mente un conocimiento que no poseía y no había poseído desde la eternidad, seria imperfecto e inferior en sí mismo.

Cuando no tomamos en cuenta la omnisciencia de Dios, tampoco asimilamos esas respuestas que no esperábamos. Y es allí donde entra en acción nuestra naturaleza caída, ese deseo de hacer lo que nosotros pensamos es correcto. Adán, puedes comer de todos los árboles que hay en el jardín, pero no del árbol del conocimiento del bien y del mal.

Hay personas luchando con Dios, contra su voluntad, contra lo que Él quiere para sus vidas. Más triste aun, a pesar de saber que van en contra de la voluntad de Dios, aun así continúan intentándolo.

Existen ciertos principios que la biblia nos enseña para dirigirnos en nuestras vidas. Y cuando nosotros queremos tergiversar esos principios, es cuando nos podemos encontrar luchando contra Dios.

Querido lector, quiero preguntarte: ¿Dios te dijo que no? Entonces: ¿Por qué insistir? ¿Por qué ir contra su voluntad? ¿Por qué si sabes que lo que estás a punto de hacer va en contra de lo que Dios quiere para tu vida, sigues con la idea de llevarlo a cabo?

Dios sabe mejor que nosotros que es lo mejor para nuestras vidas, que si Él dijo no, es porque Dios sabe que no conviene. Estamos conscientes que si procedemos a desobedecerlo, terminaremos mal.

¡Una ostra que no es herida
no produce perlas!

Lo que Dios permite es porque es necesario. Y entonces ¿por qué lo cuestionamos? Como Dios es perfecto llama a personas imperfectas para perfeccionar a otros.

Las perlas son una de las joyas más valiosa y buscadas, pero su formación ocurre a través de un proceso muchas veces enigmático. Una perla es un objeto duro producido dentro de un tejido blando. Lo que me lleva a lo siguiente: «*tu y yo somos perlas en las manos de Dios, solo debemos saber en qué parte del proceso estamos*».

Las perlas se forman dentro de una ostra. Para que una perla sea creada, primero tiene que un agente o cuerpo extraño entrar en el núcleo de la ostra. Este cuerpo extraño puede ser un parasito, un gusano o hasta en ocasiones un ataque de algún organismos perforador que dañe la concha. Cuando este cuerpo o agente extraño invade en la ostra, y el gusano entra, se forma un saco llamado «*Saco Perlero*». Esta se forma para proteger la ostra del parasito que ha invadido la ostra. Después de una larga espera, se toma la concha, se abre y se extrae el resultado de una perla sin pulir. Al lavar y pulir la perla obtenemos una brillosa y hermosa perla. Y por último, es darle forma adecuada. Para finalmente sea exhibida por su belleza y valor.

La palabra revelada del Creador dice: «*que aquel que inició la buena obra en nosotros la perfeccionará*». La belleza de una perla no da inicio hasta que un parasito no entra en la concha.

En el caso nuestro, un agente extraño o parasito puede ser una enfermedad, un problema financiero, crisis familiar. De la misma forma en un parasito, algún organismo entra en la concha con la intención de destruir. Así llegan a nuestra vida situaciones inesperadas que nos atacan, creando mucha aflicción. Dios está en control de nuestra vida y todo lo que nos sucede es parte del plan. Dios quiere sacar todo ese potencial que llevamos dentro y es que solo sabremos quienes somos cuando somos sacado de nuestra zona de confort.

«Señor, he aquí el que amas está enfermo. Oyéndolo Jesús, dijo: Esta enfermedad no es para muerte, sino para la gloria de Dios, para que hijo de Dios sea glorificado por ella». Juan 11:3,4

Los problemas en nuestras vidas pueden ser tan beneficiosos o perjudiciales, según la actitud de vida que mantengamos. Lo que para algunos es una oportunidad de crecer en carácter y fortaleza, para otros se convierte en una dificultad de desarrollo.

Sin temor a equivocarme, creo que todos nosotros estamos en espera de una respuesta. Y en esa espera han transcurrido eventos inesperados, un agente extraño, un parásito o un organismo perforador ha entrado a nuestro núcleo con la intención de detener nuestro desarrollo. Es en este proceso donde el débil se llama fuerte, donde la fe aumenta y se aprende caminar, no por vista, sino por fe en la palabra de Dios. Es donde luchamos y buscamos una salida. Es aquí donde vemos que Dios rompe el silencio, exhibir su gloria y activar su protección a nuestro alrededor. Recuerda quien empezó la obra en ti, no solo la terminará, también la perfeccionará.

El último proceso de la perla es lavarla y pulirla. Para eso, la perla debe ser sacada de su ambiente natural y así puede obtener su brillo máximo.

«Jesús tomando la mano del ciego, le sacó fuera de la aldea. Y les puso las manos sobre los ojos, y les hizo que mirase; y fue restablecido, y vio claramente a todos. Y Jesús le dijo: No entre en la aldea». Marcos 8:23

Esta es la parte donde Dios nos mueve del lugar que más nos gusta. Nos quita a personas con la que nos encanta andar. A este ciego lo sacó de la aldea. A Abraham, deja tu tierra y tu parentela. A Pedro, abandona tu profesión (la pesca).

Dios sacó de su lugar natural a muchos hombres que aparentemente estaban bien. Tuvieron que abandonarlo todo para entrar al proceso de Dios. José, un joven soñador, fue vendido por sus propios hermanos como un esclavo. Después de un largo proceso, llegó a ser gobernador de Egipto.

El proceso final de una perla es solo formarla en lo que se convertirá: Un collar, brazalete, anillo, pendientes, etc. y exhibirlas para que luzca su hermosura y su brillo. ¿El valor de la perla? Solo lo conoce la concha.

Todo lo que acontece a tu alrededor es parte del plan. Dios quiere darte forma, pulirte para que alcances brillo máximo. Moisés creció en un palacio, pero fue formado en un desierto. Mucho hablan del poder, la conexión, y de la frescura de la unción. Pero los grandes hombres son resultado de un proceso.

10

CUANDO DIOS LLAMA

«El joven Samuel ministraba a Jehová en presencia
de Elí; y la palabra de Jehová escaseaba en
aquellos días; no había visión con frecuencia».
1 Samuel 3:1 RVR

Cuando Dios llamó a Samuel todavía era joven, servía al Señor bajo el cuidado de Elí. En esos tiempos no era común oír palabra del Señor, ni eran frecuentes las visiones.

Una versión más antigua dice: *«que la palabra del Creador estaba oculta»*, significa que nadie estaba calificado para recibir profecías, sin embargo, Samuel era calificado para recibirlas.

No quiere decir que la palabra del Señor sea común para tenerla como un *magazine*, lo que no era usual es que hombres entraran en la dimensión privada del altar para traer una revelación.

Dicen algunos sabios que Samuel reunía las condiciones para escuchar la palabra de Dios. Aquí el dilema es que quien tiene todas las condiciones

sacerdotales, la etiqueta y el protocolo aparentemente es Elí. Pero él había prostituido el servicio, no existía una solo gota de arrepentimiento y mucho menos de parte de sus hijos.

Un destino inquebrantable

Samuel era un misterio retenido en el tiempo en el cual Dios había abarcado su entrada a este plano físico en tres órdenes de tiempo: presente, pasado y futuro. Y había determinaciones para Samuel que lo colocaba en esa posición para recibir.

1. Es el primer hijo de Ana, que según el primer dictamen de Dios, cada primogénito le pertenecía al Señor. (Éxodo 13:11-14). Y aunque ya los levitas habían sido puestos en el lugar de los primogénitos, todavía le quedaba un segundo recurso.

2. Era levita por genética. Por ley le tocaba estar en el templo para escuchar a Dios y servir como sacerdote.

3. Y como Dios hace cosas impresionantes y extraordinarias, dijo si no funciona como primogénito de Ana y no funciona su genética paterna como levita de Elcana, yo usaré un tercer recurso: el cual es su nombre y ese nombre será una licencia que le dará legalidad en el mundo de los espíritus ¡Samuel! que significa: «*El que sabe escuchar la voz de Dios en cualquier dimensión*».

Retenido en el tiempo

Ana no entendía que Samuel no era para ella. Cuando ella entendió que lo que iba a pasar por su vientre era para el servicio de Dios, entonces ocurrió el milagro. Samuel era el profeta y sacerdote que le iba a revelar a Dios a Israel y aun a los mismos sacerdotes que estaban en la casa. Tú y yo somos esa «*Generación Samuel*» que vamos a revelarle a Dios a este mundo lleno de maldades, corrupción y confusión.

Somos la generación que la etiqueta y el protocolo nos descalifica, pero Dios no llama personas calificadas, Él prepara a los que llama. Dios eligió a los que desde el punto de vista humano son débiles, despreciables y de poca importancia, para que los que se creen muy importantes se den cuenta de que en realidad no lo son. Fuimos reservados para este tiempo, aunque por muchas generaciones estuvimos retenidos en el tiempo sin ser manifestado, esta es la hora de nuestra manifestación.

¿Qué lo retiene?

Al igual que Samuel, hay muchas personas retenidas en el tiempo que necesitan ser manifestadas. ¿Qué impide que lo profético y sacerdotal se manifieste en ti? En el caso de Samuel, era Ana su madre que no entendía que él no era para ella. Y cuando lo entendió, entonces Samuel se manifestó en el plano físico.

En muchos casos hay un Samuel retenido en lugares que no les permiten crecer. Me explico: en una ocasión unos científicos hacían un estudio con unos cocodrilos. El experimento consistía en que estos reptiles de la misma especie crecían, pero uno más que otros. El estudio se hizo con uno de la Florida y el otro de África. ¿Por qué siendo animales de la misma especie, los de África crecían diez pies más que los de la Florida?

Tomaron un bebé cocodrilo de la Florida y lo llevaron para África y un bebé del África y lo trajeron a la Florida. Luego de un tiempo sacaron ambos animales y descubrieron que el cocodrilo de la Florida, pero criado en África, había crecido diecisiete pies de largo. Y el cocodrilo del África, pero criado en la Florida solo creció siete pies de largo. ¡Ah! dijo un científico, ya entiendo por qué siendo de la misma especie uno crece más que otro. ¡Es el Ambiente!

Al igual que los cocodrilos, hay muchos «Samuel» creciendo en el ambiente equivocado. Tú fuiste diseñado para crecer. Samuel vivía en el templo, y servía al Señor bajo el cuidado de Elí. Para que se manifieste lo profético y lo sacerdotal en ti, tienes que servirle al Señor.

El servir no es una opción

Lo primero que describe esta historia es que el joven Samuel servía al Señor. *«Pero viene la hora y ya ha llegado, cuando los verdaderos servidores servirán al Padre con la motivación correcta. Porque a los tales el Padre busca, lo atrae hacia Él para que sirvan».* Por eso en el servicio se revelan dos condiciones poderosas que son: temor y amor.

El temor es lo que tiene que prohibirte a ti mismo en obediencia a la constitución divina y lo haces, por su valor y no por su recompensa. Por eso les es difícil a las personas entender que se niega a sí mismo no por el temor al castigo divino, ni para recibir una recompensa a cambios. Lo hace por su misión a la orden o decreto eterno que tiene que cumplir en este plano físico.

Hay gente que está abortando la misión por prostituir el servicio. ¿La causa? falta de temor.

El amor es amplio dentro de sus definiciones, pero hay una rama del amor que es el servicio. Es lo que tu entregas entendiendo que cada dádiva se muestra o se otorga en base a un sacrificio. El problema de la gente es que no quieren servir.

Todos los que Samuel hacía en el templo era servir. Dios llama a gente que ya les están sirviendo. El servir atrae el corazón del Padre. Samuel nació para servir y tú también. Samuel no nació para buscar un propósito, Samuel nació por un propósito. Tiene que entender que antes de nacer ya tu tenias propósito, ya eras profeta y sacerdotes. Tu destino es inquebrantable.

A distancia o cercanía

La jerarquía no determina si estás más cerca o más lejos del corazón del altar. Una cosa es el protocolo sacerdotal y otra cosa es un corazón sacerdotal. En otras palabras ¿dónde se encuentra tu corazón? Por eso Elí, como sacerdote dormía cerca del altar, pero la voz que salía del altar no la pudo escuchar. Samuel dormía en recinto de los atrios, que significaba la gracia abierta a todo el público.

No solo la jerarquía que está afectando esta generación, sino que muchos ya no predican por pasión sino por necesidad. Hoy se vende el que tenga más revelación, el más grande milagro, la más grande iglesia, quien tenga más *View en YouTube* y más seguidores en Twitter. Ningunas de estas cosas te califican como sacerdote del Eterno. Dios anda buscando a servidores con la motivación correcta, una generación que ame el corazón del Padre.

Escuché una canción que ministró mi vida de tal forma, que tuve que detenerme a pensar si mi corazón estaba equilibrado, alineado con el del Padre. La canción decía:

A tus pies arde mi corazón
A tus pies entrego lo que soy

Es el lugar de mi seguridad
Donde nadie me puede señalar

Me perdonaste, me acercaste a tu
Presencia, me levantaste hoy me postro adorarte.

No hay lugar más alto,
Más grande que estar a tus pies //

No hay lugar más alto,
Más grande que estar a tus pies //

A tus pies arde mi corazón,
A tus pies entrego lo que soy

Es el lugar de mi seguridad,
Donde nadie me puede señalar

Me perdonaste me acercaste a tu
Presencia, me levantaste hoy me postro adorarte.

//No hay lugar más alto

Más grande que estar a tus pies //
//No hay lugar más alto
Más grande que estar a tus //

//Y aquí permaneceré, postrado a tus pies //
//Y aquí permaneceré, a los pies de Cristo //

No hay lugar más alto
Más grande que estar a tus pies //

No hay lugar más alto
Más grande que estar a tus pies //

Interpretada por Miel San Marcos
No Hay Lugar Más Alto, Más Grande
Que Estar A Sus Pies.

Verifica bien el lugar donde te encuentras,
Si no es a los pies de Dios, estás bien bajo.

La dimensión privada del altar está en ti

En ese altar no necesitas etiqueta y protocolo, no existe lugar físico ni geográfico, filosofía ni liturgia, porque está oculto en ti. Pero por esa razón es que no puedes renunciar a tu propósito, porque renunciar al propósito es renunciar a ti mismo.

Se supone que cuando Samuel recibiera la voz, tenía que pasar primero por donde estaba el sacerdote, porque la voz venia del altar. Pero ningún sacerdote escuchaba nada. ¿Sabes por qué? Porque puedes tener el protocolo, la vestimenta, de igual forma el efod y todo lo que quieras. Puedes tener los escuderos, sirvientes, guardaespaldas y algo más. Pero si tu corazón no está adaptado, acoplado, sintonizado, calibrado a la dimensión privada del altar, estás extraviado.

La voz de Dios se va a meter desde la dimensión privada del altar, y te va a localizar. Si tú no caminas hasta esa dimensión, ella vendrá a ti.

Quién te califica es Dios

¿Qué determina que eres de la generación Samuel? Dios te está llamando tres veces. Tres significa integración de uno y dos. Porque uno tipifica al principio y cabeza que es Dios. Dos es la casa que es templo que eres tú con tu dualidad, de lucha constante de carne y espíritu. Tres como es integración, es la entrada del principio y cabeza que es Dios a la casa divida para ordenarla. Por eso Dios dijo a Samuel: *«estoy por hacer en Israel algo que a todo el que lo oiga le quedará retumbando en los oídos».*

La generación Samuel es aquella que les presta sus oídos a Dios, que no juega con lo sacro. La generación Samuel es aquella que entra en la dimensión privada del altar y trae revelación al pueblo de lo que está por venir. La generación Samuel es aquella que crece en el altar, que está interesada en el corazón de Dios.

A favor o en contra de la corriente

Nadar en contra de la corriente significa establecer pautas de conductas que no necesariamente van a coincidir con la mayoría. Hay muchas corrientes hoy en días. La de las drogas, alcohol, homosexualidad, abortos y otras. Lo catastrófico de todo esto es que a nadie parece importarle, más bien están a favor, y lo peor aún, es que a todas estas corrientes les llaman buenas y dulces.

Lo mismo que dijo el profeta: ¡Ay de los que a los malos dicen buenos, y a los buenos dicen malos; que ponen los dulces por amargos y los amargos por dulces! Por esta razón que debemos estar dispuestos a nadar en contra de la corriente si es necesario, para llegar a nuestro punto de partida.

El salmón es una especiede pez única

Cuando es adulto y llega la época de desove (es decir, cuando deben depositar los huevos para el nacimiento de una nueva generación), vuelven al mismo lugar en donde sus antecesores desoven. Lo impresionante es que tienen que nadar en contra de la corriente. Los salmones a menudo desoven en los ríos caudalosos, lo que significa un gran esfuerzo para nadar hasta su lugar de origen. Durante este viaje no comen, su único objetivo es llegar. Los huevos depositados en el rio viven un promedio de dos años en aquel lugar, una vez convertidos en peces, retoman al rio hasta llegar al mar. Sus padres mueren en el lugar de origen. Cuando sea la hora, harán lo mismo que hicieron sus padres; volverán al lugar de origen donde fueron fecundado, esto implica nadar en contra de corriente, todo para darle origen a la próxima generación.

El apóstol Pablo dijo: «*algunos de ustedes dicen yo soy libre de hacer lo que quiera. ¡Claro que sí!*». Pero no todo lo que uno quiere, conviene; ni todo fortalece la vida cristiana. Es impresionante que esta especie «*salmón*» esté dispuesta a exponerse a los ímpetus de los caudales de las corrientes del agua con tal de regresar a su lugar de origen.

Regresar al lugar donde todo comenzó es nadar contra la corriente. No siempre caminar hacia delante es avanzar. El salmón no solo regresa a su lugar de origen para depositar sus huevos, también regresan a morir en el mismo lugar donde ellos nacieron.

La pérdida de identidad es algo que está afectando nuestra sociedad, no saber la razón de su existencia los conduce a querer imitar a otro tipo de especie. El salmón no busca imitar ninguna otra especie.

Puedo imaginarme como otras especies miran al salmón, ¿por qué no depositas tus huevos aquí? ¿Para qué ir tan lejos a depositar huevos? ¿Cualquier lugar es bueno? ¿Son solo huevos?

Si para esta especie es importante el ambiente donde sus hijos nacen y se desarrollan, ¿cuánto más para nosotros, imagen y semejanza de Dios? Hoy días hay muchos tipos de corrientes, pero no estamos llamados a nadar en todas. Evidentemente es mucho más fácil nadar favor de la corriente. Es cosa de dejarse llevar por la fuerza del rio o del mar. No se necesita ser excepcional. Una persona que nada a favor de la corriente es alguien que no lucha por conseguir un fin o un propósito, que se rinde antes las circunstancias y las adversidades.

Esta generación tiene un gran reto, ser como todos los demás sin importar las consecuencias de sus hechos. Vivir una vida sin sentido, sin propósitos, sin moral, sin respeto por la vida, hacer todo cuanto su corazón desee sin importar el resultado final. O nadar en contra de la corriente, aunque esto signifique no ser del agrado de todo el mundo, pero vivir una vida plena, con propósito y buscar la voluntad de Dios para nuestra vida.

11
DESTINO INQUEBRANTABLE

«Pero ahora, por favor no se aflijan más ni se reprochen
el haberme vendido, pues en realidad fue Dios quien
me mandó delante de ustedes para salvar vidas».
Génesis 45:5

La palabra destino viene de destinar. Destinar es algo así como *«hacer puntería»* y *«destino»* es como el blanco, o sea, al objeto situado lejos para practicar el tiro con arco y flecha. Pero no creo en un destino singular y fijo. Creo en un destino multidimensional en donde cada dimensión tiene un absoluto. El destino en cada cierto momento es la totalidad de todas las dimensiones, y se convierte en un paradigma.

Inquebrantable, esta palabra está formada con raíces latinas y significa que no se puede romper con violencia, que no se puede destruir con fuerza. Destino multidimensional.

«En el tiempo en que los caudillos gobernaban el país, hubo allí una época de hambre. Entonces, un hombre de Belén de Judá emigró a la tierra de Noam, junto con su esposa y sus dos hijos. El hombre se llamaba Elimélec, su

esposa se llamaba Noemí y sus dos hijos Majlón y Quilión, todos ellos efrateos, de Belén de Judá. Cuando llegaron a la tierra de Moab, se quedaron a vivir allí. Pero murió Elimélec, esposo de Noemí, y ella se quedó sola con sus dos hijos. Éstos se casaron con mujeres moabitas, la una llamada Orfa y la otra Rut. Después de haber vivido allí unos diez años, murieron también Majlón y Quilión, y Noemí se quedó viuda y sin hijos». Rut 1:1-5

El libro de Rut fue escrito para los israelitas. Enseña que el amor auténtico en ocasiones requiere de gran abnegación. Independientemente de nuestra posición en la vida, de nuestro liderazgo en la iglesia, podemos vivir de acuerdo a los preceptos de Dios.

Tenemos un compromiso delante de nosotros y es expresar un amor genuino hacia los demás. Es el caso de Rut, que pudo quedarse al lado de Noemí en un momento de desbalance emocional. Es aquí donde nos damos a conocer y a la vez expresamos nuestro nivel de compromiso.

Rut no pertenecía al pueblo judío, por cuanto era extranjera, nos transmite que nunca estamos tan lejos de Dios como para que no podamos regresar a Él. Aun mas, Dios nos ama en medio de la miseria y el desconsuelo y puede bendecirnos sin importar nuestra circunstancia, nuestra raza, país o estatus social.

Dios puede extraerte de dentro de tu grupo étnico, donde nunca escuchaste de Él, de una familia disfuncional, donde nadie te tomó en cuenta y hacer de ti un Abraham, una Rut, David o una Deborah. Dios no me eligió porque soy especial, soy especial porque Él me eligió.

«Pero Dios escogió lo insensato del mundo para avergonzar a los sabios, y escogió lo débil del mundo para avergonzar a los poderosos. También escogió Dios lo más bajo y despreciado, y lo que no es nada, para anular lo que es, a fin de que en su presencia nadie pueda jactarse. Pero gracias a él ustedes están unidos a Cristo Jesús, a quien Dios ha hecho nuestra sabiduría —es decir, nuestra justificación, santificación y redención— para que, como está escrito: «Si alguien ha de gloriarse, que se glorie en el Señor.» 1 Corintios 1:27-31 NVI

No abandone la tierra del propósito

La peor decisión que puede tomar un creyente es irse de donde Dios lo puso o quedarse en un lugar cuando Dios lo mandó a salir. Elimelec tomó a su esposa y dos hijos, dejaron su hogar y se mudaron a Moab, porque había hambre en Belén. Consideremos el significado literal del nombre hebreo de Belén: *«Casa de pan»*. La razón por la que abandonaron su hogar, era que no había pan en la casa. Abandonar un lugar por el bienestar de los nuestros, parece ser una buena idea. Todo padre quiere lo mejor para los suyos. Esta familia era una pródiga que dejó su hogar cuando llegó a faltar el alimento. Aparentemente es una buena razón. Pero, ¿serviremos a Dios solo en la abundancia? ¿Nos quedaremos en nuestra iglesia mientras no haya crisis?

Muchos creyentes abandonan la iglesia porque allí hay problema. ¿Les dijo Dios que se fueran? Quizás no, solo quieren estar en lugar donde aparentemente todo esté en calma. Las personas que conocen su propósito son genuinas y leales. Entienden que no hay cambio sin procesos y que todo proceso produce dolor. El problema es que queremos cambios, promoción y prosperidad sin procesos.

Las distracciones vendrán, los problemas llegarán, las crisis también. Pero mantente mirando hacia tu destino. Entiende que existe un tiempo del cumplimiento. Los procesos te quitan cosas, cosas que no necesitarás en donde Dios te colocará.

Dios puso propósitos dentro de ti. Esos propósitos son muchos más grande que tus caídas, tus errores, pecados, imperfecciones. No naciste para que le busque un propósito a tu vida. Naciste porque tu vida tiene propósitos.

Destino versus propósito

El destino lo estamos creando cada vez que tomamos una decisión. Esas decisiones traen resultados. Buenas decisiones traen buenos resultados, malas decisiones traen malos resultados. Todos hemos tenidos que pagar el resultado de una mala decisión. Hemos forjado la entrada a situaciones no muy agradables que han producidos en nosotros muchos dolores. Existen personas que por una mala decisión están hoy en la cárcel, otros muertos. Todos y cada uno de nosotros pasamos los días y las horas de nuestra existencia teniendo que tomar decisiones.

Con esas decisiones creamos un destino. El destino lo creas tú, pero el propósito te lo da Dios. El propósito de Dios está por encima de tu destino. Desde antes de crear el mundo Dios nos eligió.

El propósito de Dios vino a rescatarte de un destino que fue creado por una mala decisión. Te brinda la oportunidad de volver a empezar, restituirte y devolverte lo que la vida te robó. Y ahora, Dios le dice a su pueblo:

«No recuerden ni piensen más en las cosas del pasado. Yo voy a hacer algo nuevo, y ya he empezado a hacerlo. Estoy abriendo un camino en el desierto y haré brotar ríos en la tierra seca». Isaías 43:18,19

«De modo que si alguno está en Cristo, nueva criatura es; las cosas viejas pasaron; he aquí todas son hechas nuevas». 2 Corintios 5:17

Hay muchas personas que sus decisiones solo les afectan a ellos. En cambio, este no es el caso para todos. Elimelec decidió mudarse con su familia a un lugar donde pudiera trabajar y proveer para los suyos. Nunca llegó a pensar que esta decisión no era tan buena como parecía. No contó con la opinión de Dios.

Belén era tierra de propósito de bendición y de cumplimiento. Aunque en el momento que Elimelec la abandonó había escasez, no significaba que era tierra estéril. *«No te preocupes que puede hacer tu país por ti, preocúpate que puedes hacer tu por tu país»*. John F. Kennedy

A menudo vemos muchas personas desertar de un lugar o posición, porque no les puede brindar más comodidades, riquezas y bienestar. El crecimiento de una ciudad, organización y comunidad, está en buscar sus necesidades y suplirlas.

Belén tenía una promesa de parte de Dios, un propósito que cumplir. Las escrituras nos dicen que David era hijo de Isaí. Si vamos a la genealogía nos damos cuenta que Isaí era hijo de Obed, que Obed era hijo de Rut y Booz. Esto quiere decir que para llegar al nacimiento de David, Rut tuvo que enviudar, y tomar la decisión de seguir a Noemí, su suegra. Noemí al encontrarse viuda y sin hijos se vio obligada a regresar a Belén. Alejarnos del lugar del propósito activará eventos naturales que nos harán volver a él.

«Como pueden ver, no fueron ustedes los que me enviaron acá, sino que fue Dios quien me trajo. Él me ha convertido en amo y señor de todo Egipto, y en consejero del rey». Génesis 45:8

Mucho de nosotros en algún momento de la historia de nuestra vida fuimos heridos o herimos a alguien. Nos traicionaron o traicionamos. Fuimos señalados o señalamos a otros. En fin, nadie es perfecto en este mundo. La vida no tendría sentido si a tu lado no hay competidores. Porque quien te hace la guerra no es tu adversario, sino tu mejor aliado. Un corredor de campos y pistas alcanza más velocidad cuando tiene a alguien que le quiere pasar. *«Tu adversario no vino para destruirte, vino para acelerarte».*

«Si una nación te ataca, tú la vencerás, porque no cuenta con mi apoyo. Mira, yo he creado al herrero que fabrica herramientas. Pero también he creado ejércitos que todo los arruinan y destruyen. Sin embargo, nadie ha hecho un arma capaz de destruirte. Tú harás callar a todo el que te acuse, porque yo, el único Dios, hago triunfar a los que me adoran, te juro que así será». Isaías 54:15-17 TLA

Cuando alguien nace con una asignación del Eterno, Dios usa hasta sus enemigos para concretarla. José tenía una asignación divina, ahora tenía que llegar a la tierra del cumplimiento. Sus sueños provocarían en sus hermanos celos. Su padre le regaló un manto, causando gran molestia e iras a los hermanos, quienes acordaron en deshacerse de José.

«¡Vaya, vaya! ¡Aquí viene ese gran soñador! Vamos a matarlo y a echarlo en uno de estos pozos, y diremos que algún animal feroz se lo comió. ¡Ya vamos a ver si se cumplen sus sueños!». Génesis 37:19, 20

El propósito de los hermanos de José era deshacerse de él, estaban dispuestos aún a matarlo con tal de no verlo más. El propósito de Dios era que José llegara hasta Egipto. ¿Alguna vez ha escuchado que lo que el enemigo hace para mal, Dios lo torna para bien?

Quienes no conocen el final de esta historia, podrían pensar que Dios se había olvidado de José. Unas de mi frase favorita la dijo Louis Zamperini: *«Vale la pena un momento de dolor cuando te espera una vida llena de gloria»*.

Cuando tienes un destino multidimensional, Dios te colocará en el lugar que debes estar. Tus decisiones afectan a muchos. Dios creará circunstancias que te alinearán con tu destino. Es cierto que Noemí sufrió al perder su esposo e hijos. A tal grado que decidió cambiarse el nombre a «Mara». No podemos permitir que una época de duelo se convierta en un duelo de por vidas. Ese no es el propósito de Dios para ti. Hoy es una buena oportunidad para levantarte.

«*Las historias más
impresionantes surgen
despues de una
gran batalla*».

www.ingramcontent.com/pod-product-compliance
Lightning Source LLC
Chambersburg PA
CBHW071624150726
48000CB00004B/1869